STEP

2

중1
|기본편|

내 신 필 수 어 휘 정 복 7 단 계 프 로 젝 트

WORD SCIENCE

PAGODA Books

STEP **2**

내 신 필 수 어 휘 정 복 7 단 계 프 로 젝 트

WORDSCIENCE

초판 1쇄 인쇄 2014년 10월 6일
초판 1쇄 발행 2014년 10월 16일
초판 13쇄 발행 2024년 12월 16일

지 은 이 | 파고다교육그룹 언어교육연구소
펴 낸 이 | 박경실
펴 낸 곳 | **PAGODA Books** 파고다북스
출판등록 | 2005년 5월 27일 제 300-2005-90호
주　　소 | 06614 서울특별시 서초구 강남대로 419, 19층(서초동, 파고다타워)
전　　화 | (02) 6940-4070
팩　　스 | (02) 536-0660
홈페이지 | www.pagodabook.com

ISBN 978-89-6281-591-7 (54740)

파고다북스　　　www.pagodabook.com
파고다 어학원　　www.pagoda21.com
파고다 인강　　　www.pagodastar.com
테스트 클리닉　　www.testclinic.com

❙ 낙장 및 파본은 구매처에서 교환해 드립니다.

STEP

2

내 신 필 수 어 휘 정 복 7 단 계 프 로 젝 트

WORD SCIENCE

PAGODA Books

○○● **Introduction**

○ 어휘력이 영어 실력의 기본!!

단어! 아무리 강조해도 지나치지 않죠? 어휘력이
곧 영어 실력입니다. 『**WORD SCIENCE**』 7단계
시리즈를 통해 어휘를 미리미리 학습해 두세요.

○ 단어만 외우면 된다??

『**WORD SCIENCE**』는 단어와 모범예문을 원어
민의 정확한 발음이 녹음된 음성과 함께 제공합
니다. 음성을 들으면서 단어와 예문을 암기하다
보면 듣기는 물론 문법까지 한 번에 정복할 수 있
습니다.

○ 단어 학습도 과학!!

단어를 암기하는 방법에 따라 그 효과는 천차만
별입니다. 그래서 단어암기도 과학적으로 외워야
죠. 『**WORD SCIENCE**』는 에빙하우스의 '망각곡
선 이론'에 근거하여 가장 완벽한 암기를 위해 7
단계 반복학습으로 구성하였습니다. 이제 한 번
외운 단어, 끝까지 가지고 갈 수 있습니다.

○ 내신 필수 어휘 정복 프로젝트!!

『**WORD SCIENCE**』는 어휘력을 차근차근 다져
나갈 수 있도록 초등 필수 어휘부터 중학 필수 어
휘까지 단계별로 정리하였습니다. 아울러 온라인
으로 제공하는 '어휘력 진단테스트'를 통해 자신
의 어휘력을 진단해 나갈 수 있도록 구성하였습
니다.

WORD SCIENCE

○○○● Contents

⭕⭕⭕ How to use

1단계 - New words & Practice

모르는 단어 체크하고 외우기
새로 배우는 어휘를 확인하고 쓰기 연습을
하며 암기해 봅니다.

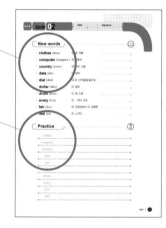

2단계 - Sentences

단어와 문장을 듣고 따라하며, 단어 뜻 외우기
단어의 뜻을 빈칸에 적고 MP3를 들으면서 따라
말해 봅니다.

3단계 - Memory Box

어제 익힌 10 단어 암기 확인하기
어제 익힌 단어가 암기되었는지 우리말 뜻을
보면서 영어 단어를 적어 봅니다.

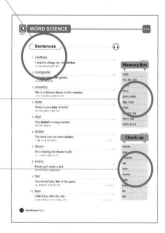

4단계 - check-up

오늘 익힌 10 단어 암기 확인하기
오늘 익힌 단어의 우리말 뜻을 적으면서
점검해 봅니다.

WORD SCIENCE

5단계 - Dictation Test

30 단어 듣고 받아쓰기

3개의 Unit이 끝나면 MP3를 듣고 정확한 발음을
익히며 단어와 뜻을 받아써 봅니다.

6단계 - Part Test

60 단어 암기 확인 테스트

1개의 Part가 끝나면 Part Test를 통해
중요한 60 단어를 확인합니다.

7단계 - Online Test

120 단어 Online Test

2개의 Part가 끝나면 www.pagodabook.com에
로그인하여 WORD SCIENCE 온라인 테스트를 풀어 봅니다.
채점표 결과에 나온 틀린 단어를 확인하고
다시 한 번 복습해 봅니다.

◎ 단계별 어휘력 진단 테스트도 있어요!!

한 단계가 끝나면 www.pagodabook.com에 로그인하여 어휘력 진단 테스트를 받고, 어휘력 분석을
토대로 현재의 어휘력과 문제점, 향후 학습 방향 등을 점검할 수 있습니다.

WORD SCIENCE

Part 1

Part 1

Unit 01	Unit 02	Unit 03	Unit 04	Unit 05	Unit 06
□ absent	□ clothes	□ fire	□ luck	□ rest	□ supper
□ album	□ computer	□ form	□ meter	□ roll	□ tall
□ apartment	□ country	□ gold	□ move	□ same	□ thank
□ band	□ date	□ half	□ niece	□ service	□ till
□ before	□ dial	□ hen	□ other	□ shoulder	□ toy
□ bill	□ dollar	□ holiday	□ people	□ sleep	□ understand
□ both	□ drum	□ hurt	□ pineapple	□ soft	□ wall
□ cake	□ every	□ kill	□ pool	□ spend	□ when
□ cassette	□ fair	□ laugh	□ problem	□ steam	□ wing
□ chest	□ feel	□ line	□ rabbit	□ street	□ worm

Date: /　　Signature:

New words 📖

- ☐ **absent** [ǽbsənt]　형 결석의, 부재의 ────────────●
- ☐ **album** [ǽlbəm]　명 앨범, 사진첩 ────────────●
- ☐ **apartment** [əpáːrtmənt]　명 아파트 ────────────●
- ☐ **band** [bænd]　명 악단, 밴드, 무리 ────────────●
- ☐ **before** [bifɔ́ːr]　접 …전에 ────────────●
- ☐ **bill** [bil]　명 계산서, 지폐 ────────────●
- ☐ **both** [bouθ]　형 양쪽의, 둘 다의 ────────────●
- ☐ **cake** [keik]　명 케이크 ────────────●
- ☐ **cassette** [kəsét]　명 카세트 ────────────●
- ☐ **chest** [tʃest]　명 대형 상자, 가슴 ────────────●

Practice ✏️

absent
●──●
album
●──●
apartment
●──●
band
●──●
before
●──●
bill
●──●
both
●──●
cake
●──●
cassette
●──●
chest
●──●

Track 1

Sentences

1. absent

Mike is **absent** from school.

마이크는 학교를 결석했다.   · present 출석한

2. album

Do you want to see my **album**?

내 앨범을 보고 싶니?

3. apartment

Do you live in an **apartment**?

너는 아파트에 살고 있니?

4. band

The rock **band** played some music.

그 록 밴드는 음악을 몇 곡 연주했다.

5. before

Brush your teeth **before** you go to bed.

잠자리에 들기 전에 이를 닦아라.   · after ···한 후에

6. bill

Can I have the **bill**, please?

계산서 좀 줄래요?

7. both

Both her sisters are teachers.

그녀의 언니 둘은 모두 선생님이다.

8. cake

Mom made a big chocolate **cake**.

엄마가 커다란 초콜릿 케이크를 만드셨다.

9. cassette

His car has a **cassette** player.

그의 자동차에는 카세트 플레이어가 있다.

10. chest

They found a treasure **chest**.

그들은 보물 상자를 찾았다.

Unit 01

Check-up

band
cake
absent
before
cassette
album
bill
chest
apartment
both

New words

- ☐ **clothes** [klouz]   명 옷, 의복   _____
- ☐ **computer** [kəmpjú:tər]   명 컴퓨터   _____
- ☐ **country** [kʌ́ntri]   명 나라, 시골   _____
- ☐ **date** [deit]   명 날짜   _____
- ☐ **dial** [dáiəl]   동 명 다이얼(을 돌리다)   _____
- ☐ **dollar** [dálər]   명 달러   _____
- ☐ **drum** [drʌm]   명 북, 드럼   _____
- ☐ **every** [évri:]   형 …마다, 모두   _____
- ☐ **fair** [fɛər]   부 정정당당히 형 공평한   _____
- ☐ **feel** [fi:l]   동 느끼다   _____

Practice

clothes _____ _____ _____

computer _____ _____ _____

country _____ _____ _____

date _____ _____ _____

dial _____ _____ _____

dollar _____ _____ _____

drum _____ _____ _____

every _____ _____ _____

fair _____ _____ _____

feel _____ _____ _____

Sentences

1. clothes

I need to change my wet **clothes**.
나는 젖은 옷을 갈아입어야 한다.

2. computer

I played **computer** games.
나는 컴퓨터 게임을 했다.

3. country

She is a famous dancer in this **country**.
그녀는 이 나라에서는 유명한 댄서이다.

4. date

What is your **date** of birth?
네가 태어난 날짜는 어떻게 되니?

5. dial

You **dialed** a wrong number.
전화 잘못 거셨습니다.

6. dollar

The book cost me three **dollars**.
그 책을 사는데 3달러 들었다.   · cent 센트

7. drum

He is beating the **drum** loudly.
그는 시끄럽게 드럼을 치고 있다.

8. every

Every girl wants a doll.
모든 여자아이들이 인형을 원한다.

9. fair

You should play **fair** in the game.
너는 정정당당히 경기를 해야 한다.   · fair 박람회

10. feel

I **felt** dizzy after the ride.
나는 탈 것을 타고 나서 어지러움을 느꼈다.   · feel-felt-felt

Unit 01
Memory Box

아파트
악단, 밴드, 무리
…전에
케이크
결석의, 부재의
앨범, 사진첩
카세트
대형 상자, 가슴
계산서, 지폐
양쪽의, 둘 다의

Unit 02
Check-up

clothes
date
computer
dial
drum
country
dollar
every
fair
feel

| Date: / | Signature: |

New words

☐ **fire** [faiə*r*]	몡 불, 화재	_____
☐ **form** [fɔː*r*m]	몡 형태, 모양	_____
☐ **gold** [ɡould]	몡 금, 황금	_____
☐ **half** [hæf]	몡 반, 절반	_____
☐ **hen** [hen]	몡 암탉	_____
☐ **holiday** [hálədèi]	몡 휴가, 휴일	_____
☐ **hurt** [həːrt]	동 상처를 내다	_____
☐ **kill** [kil]	동 죽이다	_____
☐ **laugh** [læf]	동 웃다, 비웃다	_____
☐ **line** [lain]	몡 줄, 선	_____

Practice

fire			
form			
gold			
half			
hen			
holiday			
hurt			
kill			
laugh			
line			

Sentences

1. **fire**

   There was a **fire** last night.
   지난밤에 화재 한 건이 있었다.

2. **form**

   Electricity is a **form** of energy.
   전기는 에너지의 한 형태이다.

3. **gold**

   My ring is made of **gold**.
   내 반지는 금으로 만들어졌다.

4. **half**

   She gave me **half** of her apple.
   그녀는 내게 사과 반쪽을 주었다.

5. **hen**

   The **hen** laid an egg this morning.
   암탉이 오늘 아침 알을 하나 낳았다.   · rooster, cock 수탉

6. **holiday**

   They went to France for summer **holidays**.
   그들은 여름 휴가를 위해 프랑스로 갔다.

7. **hurt**

   I fell down and **hurt** my leg.
   나는 넘어져서 다리를 다쳤다.   · hurt–hurt–hurt

8. **kill**

   The hunter **killed** the rabbit.
   사냥꾼이 토끼를 죽였다.

9. **laugh**

   The children **laughed** at the silly monkeys.
   아이들은 멍청한 원숭이를 보고 웃었다.

10. **line**

    You must stand in **line**.
    너는 줄을 서야 한다.

Unit 02
Memory Box

옷, 의복
컴퓨터
정정당당히, 공평한
느끼다
날짜
다이얼(을 돌리다)
달러
나라, 시골
북, 드럼
…마다, 모두

Unit 03
Check-up

gold
half
fire
holiday
kill
laugh
hen
hurt
line
form

····➔ Dictation Test 1을 위해 106페이지로 이동해 주세요.

Date: /　　Signature:

New words

- ☐ **luck** [lʌk]　　명 운, 행운
- ☐ **meter** [mí:tər]　　명 미터
- ☐ **move** [mu:v]　　동 움직이다, 옮기다
- ☐ **niece** [ni:s]　　명 조카딸
- ☐ **other** [ʌ́ðər]　　형 다른, 그밖의
- ☐ **people** [pí:pl]　　명 사람들
- ☐ **pineapple** [páinæpl]　　명 파인애플
- ☐ **pool** [pu:l]　　명 물웅덩이
- ☐ **problem** [prábləm]　　명 문제
- ☐ **rabbit** [ræbit]　　명 토끼

Practice

luck

meter

move

niece

other

people

pineapple

pool

problem

rabbit

Sentences

1. **luck**

Good **luck** on your test!
시험 잘 보길 빌어!

· lucky 행운의

2. **meter**

He ran 100 **meters**.
그는 100미터를 달렸다.

3. **move**

Let's **move** the table together.
우리 테이블을 함께 옮기자.

4. **niece**

I live with my **niece**.
나는 조카딸과 함께 산다.

· nephew 남자 조카

5. **other**

The **other** students are in the museum.
다른 학생들은 박물관에 있다.

6. **people**

There are many **people** in the park.
공원에는 많은 사람들이 있다.

7. **pineapple**

Pineapples grow in hot countries.
파인애플은 더운 나라에서 자란다.

8. **pool**

The ducks are swimming in the **pool**.
오리들이 물웅덩이에서 헤엄치고 있다.

9. **problem**

The math **problem** was very difficult.
그 수학 문제는 아주 어려웠다.

10. **rabbit**

I feed **rabbits** every morning.
나는 매일 아침 토끼에게 먹이를 준다.

Unit 03

Memory Box

암탉
휴가, 휴일
불, 화재
상처를 내다
줄, 선
죽이다
형태, 모양
금, 황금
반, 절반
웃다, 비웃다

Unit 04

Check-up

people
rabbit
pineapple
meter
pool
luck
move
niece
other
problem

Date:	Signature:
/	

New words

- ☐ **rest** [rest]   몡 휴식 _____
- ☐ **roll** [roul]   통 구르다 _____
- ☐ **same** [seim]   혱 같은, 동일한 _____
- ☐ **service** [sə́:rvis]   몡 서비스, 봉사 _____
- ☐ **shoulder** [ʃóuldər]   몡 어깨 _____
- ☐ **sleep** [sliːp]   통 잠자다 _____
- ☐ **soft** [sɔ(ː)ft]   혱 부드러운 _____
- ☐ **spend** [spend]   통 쓰다, 소비하다 _____
- ☐ **steam** [stiːm]   몡 스팀, 증기 _____
- ☐ **street** [striːt]   몡 거리 _____

Practice

rest _____

roll _____

same _____

service _____

shoulder _____

sleep _____

soft _____

spend _____

steam _____

street _____

Sentences

1. **rest**

   He took a **rest** under the tree.
   그는 나무 밑에서 쉬었다.

2. **roll**

   The pencil **rolled** off the table.
   연필이 테이블에서 굴러 떨어졌다.

3. **same**

   My brother and I go to the **same** school.
   형과 나는 같은 학교에 다닌다.

4. **service**

   The food and **service** was very good.
   음식과 서비스는 아주 훌륭했다.   · serve 봉사하다

5. **shoulder**

   She just shrugged her **shoulders**.
   그녀는 그냥 어깨를 으쓱했다.

6. **sleep**

   I couldn't **sleep** well last night.
   나는 지난밤 잠을 잘 자지 못했다.   · sleepy 졸린

7. **soft**

   She has a very **soft** voice.
   그녀의 목소리는 아주 부드럽다.

8. **spend**

   She **spends** much money on dresses.
   그녀는 드레스에 많은 돈을 쓴다.   · spend-spent-spent

9. **steam**

   The **steam** from the pot is too hot.
   냄비에서 나오는 증기는 너무 뜨겁다.

10. **street**

    They are walking down the **street**.
    그들은 거리를 걸어 내려가고 있다.

Unit 04

Memory Box

운, 행운
문제
토끼
미터
움직이다, 옮기다
파인애플
조카딸
다른, 그밖의
사람들
물웅덩이

Unit 05

Check-up

steam
sleep
soft
rest
spend
same
service
roll
shoulder
street

Date: /   Signature:

New words

- □ **supper** [sʌ́pər]　명 저녁 식사 _____
- □ **tall** [tɔːl]　형 키 큰 _____
- □ **thank** [θæŋk]　동 감사하다 _____
- □ **till** [til]　전 …까지 _____
- □ **toy** [tɔi]　명 장난감 _____
- □ **understand** [ʌ̀ndərstǽnd]　동 이해하다 _____
- □ **wall** [wɔːl]　명 벽 _____
- □ **when** [hwen]　부 언제 _____
- □ **wing** [wiŋ]　명 날개 _____
- □ **worm** [wəːrm]　명 벌레 _____

Practice

supper			
tall			
thank			
till			
toy			
understand			
wall			
when			
wing			
worm			

WORD SCIENCE ▶▶▶

Sentences

1. supper
I had **supper** at 7 o'clock.
나는 7시에 저녁을 먹었다.   · breakfast 아침, lunch 점심

2. tall
Monkeys are playing among the **tall** trees.
원숭이들이 커다란 나무 사이에서 놀고 있다.

3. thank
Thank you for your help.
도와줘서 고마워.

4. till
Please wait here **till** six o'clock.
6시까지 여기서 기다려줘.

5. toy
The baby is playing with a **toy** truck.
아기가 장난감 트럭을 갖고 놀고 있다.

6. understand
My parents try to **understand** me.
우리 부모님은 나를 이해하려고 애쓰신다.   · understand–understood–understood

7. wall
Hang the picture on the **wall**.
그림을 벽에 걸어라.

8. when
When does the class start?
수업은 언제 시작하니?

9. wing
The eagle has large **wings**.
독수리는 날개가 크다.

10. worm
The early bird catches the **worm**.
일찍 일어나는 새가 벌레를 잡는다.

Unit 05

Memory Box

잠자다
부드러운
구르다
같은, 동일한
서비스, 봉사
쓰다, 소비하다
스팀, 증기
거리
휴식
어깨

Unit 06

Check-up

worm
supper
tall
wall
thank
when
till
wing
toy
understand

Signature:

Score: / 50

A Write down the meanings of the English words.

1. roll
2. sleep
3. tall
4. understand
5. cake
6. when
7. till
8. worm
9. spend
10. album

11. bill
12. clothes
13. every
14. fire
15. holiday
16. kill
17. move
18. other
19. problem
20. country

B Write the English words for the Korean.

1. 어깨
2. 저녁 식사
3. 감사하다
4. 장난감
5. 벽
6. 날개
7. 부드러운
8. 거리
9. 아파트
10. 둘 다의

11. 대형 상자
12. 컴퓨터
13. 달러
14. 느끼다
15. 형태, 모양
16. 상처를 내다
17. 비웃다
18. 조카딸
19. 사람들
20. 토끼

C Choose the right words to fill in the blanks.

before	drum	fair	luck	same
line	hen	absent	rest	pool

1. The ducks are swimming in the _____.

2. Brush your teeth _____ you go to bed.

3. He is beating the _____ loudly .

4. The _____ laid an egg this morning.

5. Mike is _____ from school.

6. You must stand in _____.

7. Good _____ on your test!

8. He took a _____ under the tree.

9. My brother and I go to the _____ school.

10. You should play _____ in the game.

WORD SCIENCE

Part 2

Part 2

Date: /   Signature:

New words

- ☐ **ago** [əgóu] 부 …전에
- ☐ **also** [ɔ́:lsou] 부 또한, 역시
- ☐ **aunt** [ænt] 명 고모, 이모
- ☐ **beach** [bi:tʃ] 명 해변, 바닷가
- ☐ **bench** [bentʃ] 명 벤치, 긴 의자
- ☐ **block** [blɑk] 명 한 구획, 블록
- ☐ **burn** [bə:rn] 동 타다
- ☐ **card** [kɑ:rd] 명 카드
- ☐ **check** [tʃek] 동 체크하다, 대조하다
- ☐ **circle** [sə́:rkl] 명 원

Practice

ago				
also				
aunt				
beach				
bench				
block				
burn				
card				
check				
circle				

Sentences

1. ago
He left here a month **ago**.
그는 한 달 전에 여기를 떠났다.

2. also
Susan **also** goes to the concert.
수잔도 역시 콘서트에 간다.

3. aunt
Aunt Kate is my mother's sister.
케이트 이모는 어머니의 언니이다.   · uncle (외)삼촌

4. beach
We will go to the **beach** tomorrow.
우리는 내일 해변에 갈 것이다.

5. bench
Let's sit on the **bench**.
우리 벤치에 앉자.

6. block
He lives two **blocks** away from here.
그는 여기서 두 블록 떨어진 곳에 산다.

7. burn
The dry leaves **burned** quickly.
마른 잎은 빨리 탔다.

8. card
I sent a Christmas **card** to her.
나는 그녀에게 크리스마스 카드를 보냈다.

9. check
We **checked** the answers after the exam.
우리는 시험을 보고 나서 답을 체크했다.

10. circle
She drew a **circle**.
그녀는 원을 하나 그렸다.   · rectangle 직사각형, square 정사각형

Unit 06
Memory Box

저녁 식사
언제
날개
벌레
감사하다
…까지
장난감
키 큰
이해하다
벽

Unit 07
Check-up

aunt
beach
also
circle
bench
check
block
burn
card
ago

Date: /   Signature:

New words

- ☐ **coffee** [kɔ́:fi]   명 커피
- ☐ **corn** [kɔ:rn]   명 옥수수
- ☐ **cream** [kri:m]   명 크림
- ☐ **dear** [diər]   형 귀여운, 친애하는
- ☐ **die** [dai]   동 죽다
- ☐ **drink** [driŋk]   동 마시다
- ☐ **east** [i:st]   명 동쪽
- ☐ **excuse** [ikskjú:z]   동 용서하다, 변명하다
- ☐ **far** [fɑ:r]   부 멀리
- ☐ **fight** [fait]   동 싸우다

Practice

coffee

corn

cream

dear

die

drink

east

excuse

far

fight

Sentences

1. **coffee**

   Would you like a cup of **coffee**?
   커피 한 잔 드시겠어요?

2. **corn**

   We have a field of **corn**.
   우리는 옥수수 밭이 있다.

3. **cream**

   I put some **cream** in my coffee.
   나는 커피에 크림을 좀 탔다.

4. **dear**

   This is my **dear** daughter.
   이 아이가 내 귀여운 딸이다.

5. **die**

   When did your grandmother **die**?
   할머니는 언제 돌아가셨니?

6. **drink**

   She likes to **drink** orange juice.
   그녀는 오렌지 주스를 마시길 좋아한다.   · drink-drank-drunk

7. **east**

   The sun rises in the **east**.
   태양은 동쪽에서 떠오른다.

8. **excuse**

   Please **excuse** me for being late.
   제가 늦은 것을 용서해주세요.

9. **far**

   The station is **far** from my house.
   정거장은 우리 집에서 멀리 있다.

10. **fight**

    Stop **fighting** with your brother.
    네 동생과 싸우는 것을 그만둬.   · fight-fought-fought

Unit 07

Memory Box

원
해변, 바닷가
고모, 이모
카드
체크하다, 대조하다
벤치, 긴 의자
…전에
또한, 역시
한 구획, 블록
타다

Unit 08

Check-up

dear
east
coffee
die
cream
excuse
far
corn
fight
drink

Date: /

Signature:

New words

- ☐ **floor** [flɔːr]   명 마루, 바닥 _____
- ☐ **front** [frʌnt]   명 앞, 앞쪽 _____
- ☐ **ground** [graund]   명 땅, 지면 _____
- ☐ **hear** [hiər]   동 듣다 _____
- ☐ **hit** [hit]   동 치다, 때리다 _____
- ☐ **hospital** [háspitl]   명 병원 _____
- ☐ **jungle** [dʒʌ́ŋgl]   명 정글, 밀림 _____
- ☐ **land** [lænd]   명 육지 _____
- ☐ **letter** [létər]   명 편지, 글자 _____
- ☐ **little** [lítl]   형 작은 _____

Practice

| floor |
| front |
| ground |
| hear |
| hit |
| hospital |
| jungle |
| land |
| letter |
| little |

Sentences

1. **floor**
   She is cleaning the kitchen **floor**.
   그녀는 부엌 바닥을 청소하고 있다.

2. **front**
   I sat in the **front** of the car.
   나는 자동차 앞에 앉았다.

3. **ground**
   The **ground** was covered with snow.
   땅은 눈으로 덮여 있었다.

4. **hear**
   Can you **hear** me?
   내 목소리 들리니?   · hear-heard-heard

5. **hit**
   He **hit** the ball over the fence.
   그는 공을 울타리 너머로 쳐넘겼다.   · hit-hit-hit

6. **hospital**
   Doctors work in a **hospital**.
   의사는 병원에서 일한다.

7. **jungle**
   The lion is the king of the **jungle**.
   사자는 정글의 왕이다.

8. **land**
   Frogs live on **land** and in water.
   개구리는 육지와 물에서 산다.

9. **letter**
   I wrote a **letter** to him.
   나는 그에게 편지를 썼다.

10. **little**
    I have a **little** money.
    나에게는 돈이 조금 있다.

Memory Box
Unit 08

귀여운, 친애하는
죽다
옥수수
크림
멀리
싸우다
용서하다, 변명하다
커피
마시다
동쪽

Check-up
Unit 09

floor
land
front
ground
hear
letter
hit
little
hospital
jungle

···→ Dictation Test 3를 위해 108페이지로 이동해 주세요.

Date: /   Signature:

New words

- ☐ **may** [mei]　조 …해도 좋다
- ☐ **minute** [mínit]　명 (시간의) 분
- ☐ **never** [névər]　부 결코 …하지 않다
- ☐ **number** [nʌ́mbər]　명 번호, 숫자
- ☐ **pair** [pɛər]　명 한 쌍, 한 벌
- ☐ **pet** [pet]　명 애완동물
- ☐ **plan** [plæn]　명 동 계획(하다)
- ☐ **practice** [præktis]　명 동 연습(하다)
- ☐ **puzzle** [pʌ́zl]　명 퍼즐, 수수께끼
- ☐ **real** [ríːəl]　형 진실의, 실제의

Practice

| may |
| minute |
| never |
| number |
| pair |
| pet |
| plan |
| practice |
| puzzle |
| real |

Sentences

1. **may**

You **may** go home now.
너는 이제 집으로 가도 좋다.   · can 할 수 있다, must 해야 한다

2. **minute**

There are sixty **minutes** in an hour.
한 시간은 60분이다.   · second 초

3. **never**

I will **never** forget about you.
나는 너에 대해 결코 잊지 않을 것이다.

4. **number**

I wrote down her phone **number**.
나는 그녀의 전화 번호를 적어두었다.

5. **pair**

I'm looking for a **pair** of jeans.
청바지 한 벌을 찾고 있어요.   · pear (서양) 배

6. **pet**

My brother raises a turtle as a **pet**.
내 남동생은 애완동물로 거북이를 기른다.

7. **plan**

What are you **planning** to do tonight?
오늘 밤에 무엇을 할 계획인가요?

8. **practice**

They **practice** soccer on Sundays.
그들은 일요일에 축구를 연습한다.

9. **puzzle**

He easily solved the **puzzle**.
그는 쉽게 퍼즐을 풀었다.

10. **real**

This is a **real** diamond.
이것은 진짜 다이아몬드이다.   · really 정말로

Unit 09

Memory Box

| 병원 |
| 정글, 밀림 |
| 육지 |
| 마루, 바닥 |
| 앞, 앞쪽 |
| 땅, 지면 |
| 듣다 |
| 치다, 때리다 |
| 편지, 글자 |
| 작은 |

Unit 10

Check-up

| practice |
| real |
| puzzle |
| may |
| pet |
| minute |
| never |
| plan |
| number |
| pair |

Date: /　　Signature:

New words

- ☐ **ride** [raid]　　동 타다
- ☐ **round** [raund]　　형 둥근
- ☐ **schedule** [skédʒu(ː)l]　　명 예정, 스케줄
- ☐ **sheet** [ʃiːt]　　명 시트, 커버
- ☐ **side** [said]　　명 쪽, 측면
- ☐ **smoke** [smouk]　　동 담배를 피우다
- ☐ **sour** [sáuər]　　형 시큼한, 신
- ☐ **stairs** [stɛərz]　　명 계단
- ☐ **stone** [stoun]　　명 돌, 돌멩이
- ☐ **summer** [sʌ́mər]　　명 여름

Practice

ride

round

schedule

sheet

side

smoke

sour

stairs

stone

summer

Sentences

1. **ride**

   He **rides** his bike to school.

   그는 자전거를 타고서 학교에 간다.   · ride-rode-ridden

2. **round**

   We bought a **round** table.

   우리는 둥근 테이블을 샀다.

3. **schedule**

   The train arrived on **schedule**.

   기차는 예정대로 도착했다.   · on schedule 예정대로, behind schedule 예정보다 늦게

4. **sheet**

   She put clean **sheets** on the bed.

   그녀는 침대에 깨끗한 시트를 놓았다.

5. **side**

   Walk on the left **side** of the stairs.

   계단 왼쪽으로 걸어라.

6. **smoke**

   My father quit **smoking**.

   아버지는 담배를 끊으셨다.

7. **sour**

   The grapes tasted **sour**.

   포도는 맛이 시었다.   · bitter 맛이 쓴

8. **stairs**

   They ran down the **stairs**.

   그들은 계단을 달려 내려갔다.

9. **stone**

   Don't throw **stones** at the animals.

   동물들에게 돌을 던지지 마라.

10. **summer**

    We have much rain in **summer**.

    여름에는 비가 많이 내린다.   · spring 봄, autumn 가을, winter 겨울

Memory Box
Unit 10

결코 …하지 않다
연습(하다)
번호, 숫자
한 쌍, 한 벌
(시간의) 분
애완동물
계획(하다)
퍼즐, 수수께끼
…해도 좋다
진실의, 실제의

Check-up
Unit 11

stairs
stone
ride
smoke
sour
round
schedule
summer
sheet
side

Date: /　　Signature:

New words 📖

- □ **swing** [swiŋ]　　명 그네
- □ **telephone** [téləfòun]　　명 전화(기)
- □ **throw** [θrou]　　동 던지다
- □ **tomato** [təméitou]　　명 토마토
- □ **tulip** [tʲúːlip]　　명 튤립
- □ **video** [vídiòu]　　명 비디오
- □ **wear** [wɛər]　　동 입고 있다, 쓰고 있다
- □ **will** [wil]　　조 …할 것이다
- □ **word** [wəːrd]　　명 말, 낱말
- □ **yard** [jɑːrd]　　명 안마당

Practice ✏️

swing

telephone

throw

tomato

tulip

video

wear

will

word

yard

WORD SCIENCE

▶▶▶

Sentences

1. swing

She's riding in a **swing**.
그녀는 그네를 타고 있다.
· slide 미끄럼

2. telephone

Can I use your **telephone**?
전화 좀 써도 될까?

3. throw

He **threw** a stone at the dog.
그는 개한테 돌을 던졌다.
· throw-threw-thrown

4. tomato

Don't eat green **tomatoes**.
익지 않은 토마토를 먹지 마라.

5. tulip

These **tulips** smell fresh.
이 튤립은 향기가 신선하다.

6. video

I often watch **videos**.
나는 종종 비디오를 본다.

7. wear

Are you **wearing** glasses?
너는 안경을 쓰고 있니?
· wear-wore-worn

8. will

What **will** you do this weekend?
이번 주말에는 무엇을 할 거니?

9. word

She didn't say a **word**.
그녀는 한 마디도 하지 않았다.

10. yard

The children are playing in the **yard**.
아이들이 마당에서 놀고 있다.
· backyard 뒤뜰

Memory Box
Unit 11

계단
돌, 돌멩이
여름
타다
둥근
쪽, 측면
담배를 피우다
시큼한, 신
예정, 스케줄
시트, 커버

Check-up
Unit 12

throw
video
tomato
wear
yard
will
swing
telephone
word
tulip

···▸ Dictation Test 4를 위해 109페이지로 이동해 주세요.

Signature:　　　Score:

/ 50

A Write down the meanings of the English words.

1. aunt　　　　　　　　　　11. never

2. block　　　　　　　　　　12. word

3. corn　　　　　　　　　　13. pet

4. east　　　　　　　　　　14. ride

5. far　　　　　　　　　　15. side

6. ago　　　　　　　　　　16. practice

7. floor　　　　　　　　　　17. stone

8. hear　　　　　　　　　　18. throw

9. swing　　　　　　　　　　19. wear

10. land　　　　　　　　　　20. tulip

B Write the English words for the Korean.

1. 또한, 역시　　　　　　　　11. 계획(하다)

2. 해변, 바닷가　　　　　　　12. 진실의

3. 원　　　　　　　　　　13. 둥근

4. 죽다　　　　　　　　　　14. 담배를 피우다

5. 용서하다　　　　　　　　15. 여름

6. 싸우다　　　　　　　　　16. 전화(기)

7. 땅, 지면　　　　　　　　17. 토마토

8. 병원　　　　　　　　　　18. 비디오

9. 편지, 글자　　　　　　　19. …할 것이다

10. 번호, 숫자　　　　　　　20. 안마당

C Choose the right words to fill in the blanks.

| sour | drink | bench | minutes | schedule |
| burned | pair | front | cream | hit |

1. I'm looking for a _____ of jeans.

2. The dry leaves _____ quickly.

3. I put some _____ in my coffee.

4. She likes to _____ orange juice.

5. Let's sit on the _____ .

6. I sat in the _____ of the car.

7. He _____ the ball over the fence.

8. The grapes tasted _____ .

9. There are sixty _____ in an hour.

10. The train arrived on _____ .

WORD SCIENCE

Part 3

Part 3

Date: / Signature:

New words

- ☐ **action** [ǽkʃən] 　명 행동, 활동 _____
- ☐ **all** [ɔːl] 　형 모든 _____
- ☐ **as** [æz] 　전 …로서 _____
- ☐ **base** [beis] 　명 베이스, 기초 _____
- ☐ **behind** [biháind] 　전 …뒤에 _____
- ☐ **birth** [bəːrθ] 　명 출생, 탄생 _____
- ☐ **bridge** [bridʒ] 　명 다리 _____
- ☐ **camera** [kǽmərə] 　명 카메라 _____
- ☐ **center** [séntər] 　명 중앙, 중심 _____
- ☐ **chopsticks** [tʃápstìks] 　명 젓가락 _____

Practice

action			
all			
as			
base			
behind			
birth			
bridge			
camera			
center			
chopsticks			

Sentences

1. **action**

   Actions speak louder than words.
   말보다는 행동이 설득력이 있다.   · active 활동적인

2. **all**

   All the students like the game.
   학생들은 모두 그 게임을 좋아한다.

3. **as**

   She works here **as** a clerk.
   그녀는 이곳에서 점원으로 일한다.

4. **base**

   The player is standing on the first **base**.
   그 선수는 1루에 서있다.

5. **behind**

   She is standing **behind** the door.
   그녀는 문 뒤에 서있다.   · in front of …의 앞에

6. **birth**

   The date of my **birth** is January 1st.
   내가 태어난 날짜는 1월 1일이다.   · birthday 생일

7. **bridge**

   There is a boat under the **bridge**.
   다리 밑에 보트가 하나 있다.

8. **camera**

   We took pictures with a digital **camera**.
   우리는 디지털 카메라로 사진을 찍었다.

9. **center**

   Put the vase at the **center** of the table.
   꽃병을 테이블 중앙에 놓아라.

10. **chopsticks**

    I can use **chopsticks**.
    나는 젓가락을 쓸 수 있다.

Memory Box

Unit 12

튤립
비디오
그네
전화(기)
입고 있다, 쓰고 있다
…할 것이다
말, 낱말
던지다
토마토
안마당

Check-up

Unit 13

action
birth
camera
base
all
center
as
bridge
chopsticks
behind

Date: /   Signature:

New words

- ☐ **club** [klʌb]   명 클럽, 곤봉 _____
- ☐ **corner** [kɔ́ːrnər]   명 길모퉁이, 구석 _____
- ☐ **cross** [krɔːs]   동 가로지르다 _____
- ☐ **deep** [diːp]   형 깊은 _____
- ☐ **different** [dífərənt] 형 다른, 각각의 _____
- ☐ **drive** [draiv]   동 몰다, 운전하다 _____
- ☐ **engine** [éndʒin]   명 엔진, 기관 _____
- ☐ **exercise** [éksərsàiz] 명 동 운동(하다) _____
- ☐ **farm** [fɑːrm]   명 농장 _____
- ☐ **fill** [fil]   동 채우다 _____

Practice

club _____ _____
corner _____ _____
cross _____ _____
deep _____ _____
different _____ _____
drive _____ _____
engine _____ _____
exercise _____ _____
farm _____ _____
fill _____ _____

Sentences

1. club

He joined the basketball **club**.

그는 농구 클럽에 가입했다.

2. corner

There is a library around the **corner**.

모퉁이를 돌아서 도서관이 하나 있다.

3. cross

The children **crossed** the street.

아이들이 거리를 건너갔다.

4. deep

This river is too **deep** to swim in.

이 강은 수영하기에는 너무 깊다. · depth 깊이

5. different

He collects many **different** stamps.

그는 많은 다양한 우표를 수집한다. · difference 다름, 차이

6. drive

My mother doesn't like to **drive** at night.

우리 어머니는 밤에 운전하는 걸 좋아하시지 않는다. · drive-drove-driven

7. engine

The mechanic checked the **engine**.

정비사가 엔진을 체크했다.

8. exercise

My mother **exercises** every morning.

우리 엄마는 매일 아침 운동을 하신다.

9. farm

He raises some cows on his **farm**.

그는 농장에서 젖소를 몇 마리 기른다.

10. fill

I **filled** the bucket with water.

나는 양동이를 물로 채웠다.

Unit 13

Memory Box

출생, 탄생
다리
모든
…로서
베이스, 기초
…뒤에
중앙, 중심
카메라
행동, 활동
젓가락

Unit 14

Check-up

club
different
cross
deep
farm
drive
engine
corner
exercise
fill

Date: / Signature:

New words

- ☐ **food** [fuːd] 명 식품, 식량 _____
- ☐ **gate** [geit] 명 문 _____
- ☐ **grow** [grou] 동 키우다, 재배하다 _____
- ☐ **heart** [hɑːrt] 명 심장, 가슴 _____
- ☐ **hold** [hould] 동 잡다, 갖고 있다 _____
- ☐ **hotel** [houtél] 명 호텔 _____
- ☐ **keep** [kiːp] 동 기르다, 유지하다 _____
- ☐ **large** [lɑːrdʒ] 형 큰, 넓은 _____
- ☐ **library** [láibrèri] 명 도서관 _____
- ☐ **lose** [luːz] 동 잃다, 놓치다 _____

Practice

food				
gate				
grow				
heart				
hold				
hotel				
keep				
large				
library				
lose				

Sentences

1. **food**

   They don't have much **food**.

   그들은 식량이 많지 않다.

2. **gate**

   He closed the **gate** to the farm.

   그는 농장 문을 닫았다.

3. **grow**

   I **grow** flowers in the garden.

   나는 정원에 꽃을 키운다.   · grow-grew-grown

4. **heart**

   My **heart** beat so fast.

   내 심장은 너무 빨리 뛰었다.

5. **hold**

   She **holds** a book in her hand.

   그녀는 손에 책을 한 권 들고 있다.   · hold-held-held

6. **hotel**

   Are you going to stay at a **hotel**?

   호텔에 머무를 예정인가요?

7. **keep**

   He **keeps** a hamster as a pet.

   그는 애완동물로 햄스터를 기른다.   · keep-kept-kept

8. **large**

   America is a very **large** country.

   미국은 아주 큰 나라이다.

9. **library**

   The **library** closes at 6 o'clock.

   도서관은 6시에 문을 닫는다.

10. **lose**

    I **lost** my watch yesterday.

    나는 어제 시계를 잃어버렸다.   · lose-lost-lost

Unit 14 — Memory Box

길모퉁이, 구석
깊은
농장
채우다
클럽, 곤봉
다른, 각각의
몰다, 운전하다
엔진, 기관
가로지르다
운동(하다)

Unit 15 — Check-up

large
food
gate
library
grow
heart
lose
hold
keep
hotel

⋯➔ Dictation Test 5를 위해 110페이지로 이동해 주세요.

Date: /   Signature:

New words

□ **meal** [miːl]	명 식사	
□ **moon** [muːn]	명 달	
□ **news** [njuːz]	명 뉴스, 기사	
□ **nurse** [nəːrs]	명 간호사	
□ **parents** [péərənts]	명 부모, 어버이	
□ **piano** [piǽnou]	명 피아노	
□ **please** [pliːz]	부 제발, 부디	
□ **prince** [prins]	명 왕자	
□ **question** [kwéstʃən]	명 질문, 물음	
□ **record** [rékərd]	명 기록, 레코드	

Practice

meal			
moon			
news			
nurse			
parents			
piano			
please			
prince			
question			
record			

WORD SCIENCE

Track 16

Sentences

1. **meal**

   Breakfast is the first **meal** of the day.
   아침은 하루의 첫 번째 식사이다.

2. **moon**

   The **moon** moves around the earth.
   달은 지구 주위를 돈다.   · sun 태양

3. **news**

   I watched the **news** on TV.
   나는 텔레비전에서 그 뉴스를 보았다.

4. **nurse**

   My sister is a **nurse** at the hospital.
   내 여동생은 그 병원 간호사이다.   · doctor 의사

5. **parents**

   My **parents** like to travel.
   우리 부모님은 여행을 좋아하신다.

6. **piano**

   She plays the **piano** well.
   그녀는 피아노를 잘 친다.

7. **please**

   Shut the door, **please**.
   문을 좀 닫아주세요.

8. **prince**

   A frog **prince** lived in the castle.
   개구리 왕자가 그 성에서 살았다.   · princess 공주

9. **question**

   She kindly answered my **question**.
   그녀는 친절하게 내 질문에 대답했다.

10. **record**

    He broke the world **record** again.
    그는 세계 기록을 또다시 깼다.

Unit 15

Memory Box

호텔
기르다, 유지하다
큰, 넓은
식품, 식량
문
키우다, 재배하다
도서관
잃다, 놓치다
심장, 가슴
잡다, 갖고 있다

Unit 16

Check-up

piano
moon
news
please
meal
nurse
parents
record
prince
question

Date: /   Signature:

New words

- □ **road** [roud] 명 길, 도로
- □ **safe** [seif] 형 안전한
- □ **score** [skɔːr] 명 성적, 득점
- □ **shoot** [ʃuːt] 동 쏘다, 발사하다
- □ **silver** [sílvər] 명 형 은(으로 만든)
- □ **snake** [sneik] 명 뱀
- □ **south** [sauθ] 명 부 남쪽(으로)
- □ **stamp** [stæmp] 명 우표, 스탬프
- □ **store** [stɔːr] 명 가게, 상점
- □ **sunny** [sʌ́ni] 형 밝게 비치는

Practice

road

safe

score

shoot

silver

snake

south

stamp

store

sunny

Sentences

1. road

I walked down the **road** to the park.

나는 길을 걸어 내려가 공원으로 갔다.

2. safe

It is not **safe** to play on the road.

길에서 노는 것은 안전하지 않다.   · safety 안전, safely 안전하게

3. score

What is your **score** on the math test?

수학 테스트는 몇 점이니?

4. shoot

The soldier was **shot** in the arm.

군인은 팔에 총을 맞았다.   · shoot-shot-shot

5. silver

She wore a **silver** necklace.

그녀는 은 목걸이를 걸고 있었다.

6. snake

He is afraid of **snakes**.

그는 뱀을 두려워한다.

7. south

Birds fly **south** in the winter.

새들은 겨울에 남쪽으로 날아간다.   · north 북쪽, east 동쪽, west 서쪽

8. stamp

This letter doesn't have a **stamp**.

이 편지는 우표가 붙어있지 않다.

9. store

I bought some bread at the **store**.

나는 가게에서 빵을 좀 샀다.

10. sunny

I like **sunny** days.

나는 화창한 날이 좋다.   · sun 태양

Unit 16

Memory Box

달
뉴스, 기사
질문, 물음
식사
부모, 어버이
피아노
제발, 부디
간호사
왕자
기록, 레코드

Unit 17

Check-up

stamp
store
safe
score
road
shoot
south
sunny
silver
snake

New words

- ☐ **take** [teik]   동 잡다, 가지고 가다
- ☐ **test** [test]   명 시험, 테스트
- ☐ **ticket** [tíkit]   명 표, 입장권
- ☐ **tomorrow** [təmɔ́ːrou]   부 내일
- ☐ **twice** [twais]   부 2회, 두 번
- ☐ **visit** [vízit]   동 방문하다
- ☐ **west** [west]   명 서쪽
- ☐ **win** [win]   동 이기다
- ☐ **work** [wəːrk]   명 동 일(하다)
- ☐ **yesterday** [jéstərdei]   부 어제

Practice

take

test

ticket

tomorrow

twice

visit

west

win

work

yesterday

Sentences

1. **take**

   Take this umbrella with you.
   이 우산을 가져가라.   · take-took-taken

2. **test**

   I passed the English **test**.
   나는 영어 테스트에 합격했다.

3. **ticket**

   I bought two movie **tickets**.
   나는 영화표 두 장을 샀다.

4. **tomorrow**

   We will meet him **tomorrow**.
   우리는 내일 그를 만날 것이다.   · yesterday 어제, today 오늘

5. **twice**

   Write the sentences **twice**.
   문장들을 두 번 써라.   · once 한 번

6. **visit**

   I want to **visit** my uncle.
   나는 (외)삼촌을 방문하길 원한다.   · visitor 방문자

7. **west**

   China is to the **west** of Korea.
   중국은 한국의 서쪽에 있다.   · east 동쪽, north 북쪽, south 남쪽

8. **win**

   He hopes to **win** the race.
   그는 경주에서 이기길 바란다.   · win-won-won

9. **work**

   They are **working** on the farm.
   그들은 농장에서 일하고 있다.

10. **yesterday**

    What did you do **yesterday**?
    너는 어제 무엇을 했니?

Unit 17

Memory Box

길, 도로
쏘다, 발사하다
안전한
성적, 득점
밝게 비치는
은(으로 만든)
남쪽(으로)
우표, 스탬프
뱀
가게, 상점

Unit 18

Check-up

twice
visit
tomorrow
west
yesterday
take
work
test
win
ticket

···▸ Dictation Test 6를 위해 111페이지로 이동해 주세요.

Signature: Score: / 50

A Write down the meanings of the English words.

1. win

2. base

3. sunny

4. birth

5. lose

6. tomorrow

7. cross

8. drive

9. fill

10. hold

11. large

12. parents

13. center

14. please

15. question

16. shoot

17. test

18. visit

19. yesterday

20. snake

B Write the English words for the Korean.

1. 행동, 활동

2. …뒤에

3. 다리

4. 길모퉁이

5. 다른, 각각의

6. 운동(하다)

7. 문

8. 기르다

9. 도서관

10. 간호사

11. 피아노

12. 왕자

13. 길, 도로

14. 은

15. 가게, 상점

16. 가지고 가다

17. 표, 입장권

18. 2회, 두 번

19. 서쪽

20. 일(하다)

C Choose the right words to fill in the blanks.

as	deep	meal	safe	grow
hotel	farm	south	moon	camera

1. Breakfast is the first _____ of the day.

2. She works here _____ a clerk.

3. This river is too _____ to swim in.

4. He raises some cows on his _____.

5. I _____ flowers in the garden.

6. We took pictures with a digital _____.

7. Are you going to stay at a _____?

8. The _____ moves around the earth.

9. Birds fly _____ in the winter.

10. It is not _____ to play on the road.

WORD SCIENCE

Part 4

Part 4

Date: /　　Signature:

New words

☐ **air** [ɛər]	명 공기, 공중	
☐ **among** [əmʌ́ŋ]	전 …의 사이에	
☐ **away** [əwéi]	부 떨어져서	
☐ **beat** [biːt]	동 때리다, 부딪치다	
☐ **beside** [bisáid]	전 …의 옆에	
☐ **blow** [blou]	동 (바람이) 불다	
☐ **butter** [bʌ́tər]	명 버터	
☐ **carry** [kǽri]	동 나르다, 운반하다	
☐ **cheese** [tʃiːz]	명 치즈	
☐ **classmate** [klǽsmèit]	명 급우	

Practice

air

among

away

beat

beside

blow

butter

carry

cheese

classmate

WORD SCIENCE

Sentences

1. air

Fresh **air** always makes me happy.
신선한 공기는 언제나 나를 행복하게 한다.

2. among

We pitched a tent **among** the trees.
우리는 나무 사이에 텐트를 쳤다.

3. away

The park is 2 blocks **away** from my house.
공원은 우리 집에서 두 블록 떨어져 있다.

4. beat

He **beat** his head against the wall.
그는 벽에 머리를 부딪쳤다.   · beat-beat-beaten

5. beside

There is a box **beside** the desk.
책상 옆에 상자가 하나 있다.

6. blow

The wind is **blowing** hard.
바람이 몹시 불고 있다.   · blow-blew-blown

7. butter

I had peanut **butter** sandwiches for lunch.
나는 점심으로 피넛 버터 샌드위치를 먹었다.

8. carry

She **carries** her baby on her back.
그녀는 아기를 등에 업고 다닌다.

9. cheese

I like **cheese** sandwiches.
나는 치즈 샌드위치를 좋아한다.

10. classmate

She is my **classmate**.
그녀는 나의 반 친구이다.   · classroom 교실

Unit 18

Memory Box

| 시험, 테스트 |
| 일(하다) |
| 어제 |
| 표, 입장권 |
| 내일 |
| 잡다, 가지고 가다 |
| 2회, 두번 |
| 서쪽 |
| 이기다 |
| 방문하다 |

Unit 19

Check-up

| classmate |
| beat |
| air |
| carry |
| beside |
| among |
| cheese |
| blow |
| away |
| butter |

Date: /   Signature:

New words

- ☐ **coin** [kɔin]   명 동전
- ☐ **cool** [ku:l]   형 시원한
- ☐ **cover** [kʌ́vər]   동 덮다, 씌우다
- ☐ **daughter** [dɔ́:tər]   명 딸
- ☐ **dialogue** [dáiəlɔ̀:g]   명 대화
- ☐ **dream** [dri:m]   명 꿈
- ☐ **each** [i:tʃ]   형 각각의
- ☐ **exam** [igzǽm]   명 시험
- ☐ **fall** [fɔ:l]   명 가을
- ☐ **few** [fju:]   형 조금의, 다소의

Practice

coin

cool

cover

daughter

dialogue

dream

each

exam

fall

few

Sentences

1. coin

He put a **coin** into the piggy bank.

그는 돼지 저금통에 동전을 하나 넣었다.

· bill 지폐

2. cool

It's **cool** in fall.

가을에는 시원하다.

· warm 따뜻한

3. cover

The mountain is **covered** with snow.

산은 눈으로 뒤덮여 있다.

4. daughter

My **daughter** wants to become a pilot.

우리 딸은 조종사가 되기를 원한다.

· son 아들

5. dialogue

I can't understand their **dialogue**.

나는 그들의 대화를 이해할 수 없다.

6. dream

I had a strange **dream** last night.

나는 지난밤에 이상한 꿈을 꾸었다.

7. each

Each student has his own notebook.

학생들은 각자의 노트를 가지고 있다.

8. exam

He studied hard to pass the **exam**.

그는 시험에 합격하기 위해 열심히 공부했다.

· examination 시험

9. fall

He went to Canada last **fall**.

그는 작년 가을에 캐나다에 갔다.

· autumn 가을

10. few

I have a **few** foreign friends.

나는 외국인 친구가 몇 명 있다.

Unit 19

Memory Box

…의 사이에
떨어져서
공기, 공중
때리다, 부딪치다
(바람이) 불다
버터
…의 옆에
치즈
급우
나르다, 운반하다

Unit 20

Check-up

cover
daughter
few
coin
fall
exam
dialogue
cool
dream
each

Date: /   Signature:

New words

- ☐ **fix** [fiks] 통 고치다, 붙이다
- ☐ **fox** [fɑks] 명 여우
- ☐ **grandmother** [grǽndmʌ̀ðər] 명 할머니
- ☐ **hall** [hɔːl] 명 홀, 현관
- ☐ **hike** [haik] 통 하이킹하다
- ☐ **hope** [houp] 통 바라다
- ☐ **if** [if] 접 만약 …라면
- ☐ **knock** [nɑk] 명 노크, 두드림
- ☐ **lead** [liːd] 통 안내하다, 인도하다
- ☐ **lip** [lip] 명 입술

Practice

fix

fox

grandmother

hall

hike

hope

if

knock

lead

lip

WORD SCIENCE

Sentences

1. **fix**

   I **fixed** the light in the kitchen.
   나는 부엌의 전등을 고쳤다.

2. **fox**

   The **fox** is smaller than the wolf.
   여우는 늑대보다 작다.

3. **grandmother**

   My **grandmother** is in the hospital.
   우리 할머니는 병원에 계신다.   · grandfather 할아버지

4. **hall**

   I left my hat in the **hall**.
   나는 홀에 모자를 두고 왔다.

5. **hike**

   We went **hiking** last Sunday.
   우리는 지난 일요일에 하이킹을 갔다.

6. **hope**

   I **hope** to visit Egypt.
   나는 이집트를 방문하길 바란다.

7. **if**

   You can go now **if** you want.
   만약 네가 원하면 지금 가도 좋다.

8. **knock**

   There was a **knock** at the door.
   문을 한 번 노크하는 소리가 들렸다.

9. **lead**

   The waiter will **lead** you to the table.
   웨이터가 테이블로 당신을 안내할 것입니다.

10. **lip**

    Susie's **lips** are very red.
    수지의 입술은 아주 빨갛다.

Unit 20

Memory Box

시원한
가을
덮다, 씌우다
딸
대화
조금의, 다소의
꿈
각각의
동전
시험

Unit 21

Check-up

lead
grandmother
hall
fix
hike
fox
hope
if
knock
lip

···▸ Dictation Test 7을 위해 112페이지로 이동해 주세요.

Date: /   Signature:

New words

☐ **mad** [mæd]　　　형 화난, 미친　　　_____

☐ **middle** [mídl]　　명 중앙, 한가운데　　_____

☐ **near** [niər]　　　전 …의 가까이에　　_____

☐ **north** [nɔːrθ]　　명 형 북쪽(의)　　_____

☐ **outside** [àutsáid]　부 밖에　　　　_____

☐ **pepper** [pépər]　　명 후추　　　　_____

☐ **pipe** [paip]　　　명 파이프, 관　　_____

☐ **post** [poust]　　　동 부치다 명 우편　_____

☐ **program** [próugræm]　명 프로그램　　_____

☐ **read** [riːd]　　　동 읽다　　　　_____

Practice

mad　_____

middle　_____

near　_____

north　_____

outside　_____

pepper　_____

pipe　_____

post　_____

program　_____

read　_____

Sentences

1. **mad**

   Mom was **mad** at me for telling a lie.

   내가 거짓말을 해서 엄마가 화를 내셨다.

2. **middle**

   There is a table in the **middle** of the room.

   방 한가운데에 테이블이 하나 있다.

3. **near**

   Is there a post office **near** here?

   이 근처에 우체국이 있습니까?

4. **north**

   He is from **North** Korea.

   그는 북한 출신이다.   · south 남쪽

5. **outside**

   You can't play **outside** in the rain.

   너는 비가 오는데 밖에서 놀 수 없다.   · inside 안에서

6. **pepper**

   I need some salt and **pepper**.

   나는 소금과 후추가 약간 필요하다.

7. **pipe**

   The huge **pipe** carries water to the city.

   커다란 파이프가 물을 도시로 실어 나른다.

8. **post**

   I **posted** a letter on the way to school.

   나는 학교 가는 길에 편지를 부쳤다.

9. **program**

   What's your favorite television **program**?

   네가 가장 좋아하는 텔레비전 프로그램은 뭐니?

10. **read**

    My father **reads** a newspaper every morning.

    우리 아버지는 매일 아침에 신문을 읽으신다.

Unit 21
Memory Box

할머니
홀, 현관
만약 …라면
하이킹하다
고치다, 붙이다
여우
바라다
노크, 두드림
입술
안내하다, 인도하다

Unit 22
Check-up

near
pipe
mad
north
outside
pepper
middle
program
read
post

Date: /   Signature:

New words

- restaurant [réstərənt]　명 레스토랑, 음식점 _____
- roof [ruːf]　명 지붕 _____
- sand [sænd]　명 모래 _____
- shall [ʃæl]　조 …을 할까요 _____
- show [ʃou]　동 보여주다 _____
- slide [slaid]　동 (미끄럼을) 타다 _____
- some [sʌm]　형 약간의, 얼만가의 _____
- spring [spriŋ]　명 봄 _____
- step [step]　동 밟다, 걷다 _____
- strong [strɔ(ː)ŋ]　형 강한 _____

Practice

restaurant　_____

roof　_____

sand　_____

shall　_____

show　_____

slide　_____

some　_____

spring　_____

step　_____

strong　_____

Sentences

1. **restaurant**

   I had some steak at a **restaurant**.
   나는 레스토랑에서 스테이크를 좀 먹었다.

2. **roof**

   The cat is climbing up the **roof**.
   고양이가 지붕 위를 오르고 있다.

3. **sand**

   There is **sand** in your shoes.
   네 신발에 모래가 들어 있다.

4. **shall**

   Shall we play a game?
   우리 게임 할까?

5. **show**

   The police officer **showed** me the way.
   경찰관이 내게 길을 알려주었다.

6. **slide**

   The children are **sliding** on the ice.
   아이들이 얼음 위에서 미끄럼을 타고 있다.

7. **some**

   I need **some** money.
   나는 돈이 좀 필요하다.

8. **spring**

   Students go on picnics in **spring**.
   학생들은 봄에 소풍을 간다.   · autumn, fall 가을

9. **step**

   She **stepped** on my foot.
   그녀는 내 발을 밟았다.

10. **strong**

    The **strong** boy moved the table easily.
    그 힘 센 소년은 테이블을 쉽게 옮겼다.   · weak 약한

Unit 22
Memory Box

북쪽(의)
밖에
후추
파이프, 관
화난, 미친
중앙, 한가운데
…의 가까이에
부치다, 우편
프로그램
읽다

Unit 23
Check-up

slide
some
roof
sand
shall
show
spring
restaurant
step
strong

Date: /

Signature:

New words

- ☐ **sure** [ʃuər]   형 확실한
- ☐ **taste** [teist]   동 맛이 나다
- ☐ **thin** [θin]   형 마른, 얇은
- ☐ **today** [tədéi]   부 오늘
- ☐ **truck** [trʌk]   명 트럭
- ☐ **until** [əntíl]   접 …할 때까지
- ☐ **warm** [wɔːrm]   형 따뜻한
- ☐ **which** [hwitʃ]   형 어느, 어떤
- ☐ **winter** [wíntər]   명 겨울
- ☐ **write** [rait]   동 쓰다

Practice

sure

taste

thin

today

truck

until

warm

which

winter

write

WORD SCIENCE ▶▶▶

Sentences

1. sure

He is **sure** of winning.
그는 승리를 확신한다.

· surely 확실히

2. taste

The medicine **tasted** bitter.
그 약은 맛이 썼다.

· smell 냄새가 나다

3. thin

He is fat but his wife is **thin**.
그는 뚱뚱하지만 아내는 말랐다.

4. today

What day is it **today**?
오늘은 무슨 요일이니?

5. truck

He wants a big toy **truck**.
그는 커다란 장난감 트럭을 원한다.

6. until

Wait **until** I finish my homework.
내가 숙제를 끝낼 때까지 기다려라.

7. warm

It is getting **warmer** every day.
날씨가 매일 더 따뜻해지고 있다.

· cool 시원한

8. which

Which season do you like best?
너는 어느 계절을 가장 좋아하니?

9. winter

We have much snow in **winter**.
겨울에는 눈이 많이 내린다.

· summer 여름

10. write

He **writes** a letter on Sundays.
그는 일요일마다 편지를 쓴다.

Unit 23

Memory Box

모래
…을 할까요
레스토랑, 음식점
지붕
약간의, 얼만가의
봄
보여주다
(미끄럼) 타다
밟다, 걷다
강한

Unit 24

Check-up

warm
sure
taste
which
thin
winter
today
write
truck
until

···▶ Dictation Test 8을 위해 113페이지로 이동해 주세요.

Signature:	Score:
	/ 50

A Write down the meanings of the English words.

1. write

2. blow

3. classmate

4. show

5. dialogue

6. few

7. cover

8. taste

9. fox

10. hike

11. lip

12. middle

13. pepper

14. read

15. some

16. away

17. strong

18. today

19. until

20. which

B Write the English words for the Korean.

1. ⋯의 사이에

2. ⋯의 옆에

3. 치즈

4. 동전

5. 딸

6. 각각의

7. 고치다

8. 할머니

9. 만약 ⋯라면

10. 화난, 미친

11. 북쪽(의)

12. 부치다, 우편

13. 모래

14. 미끄럼 타다

15. 봄

16. 확실한

17. 마른, 얇은

18. 트럭

19. 따뜻한

20. 겨울

C Choose the right words to fill in the blanks.

outside	dream	near	carries	roof
hope	lead	air	stepped	cool

1. Fresh _____ always makes me happy.

2. It's _____ in fall.

3. I had a strange _____ last night.

4. The waiter will _____ you to the table.

5. Is there a post office _____ here?

6. She _____ her baby on her back.

7. You can't play _____ in the rain.

8. I _____ to visit Egypt.

9. She _____ on my foot.

10. The cat is climbing up the _____.

WORD SCIENCE

Part 5

Part 5

Date: /　　Signature:

New words

- □ **age** [eidʒ]　　명 나이, 연령
- □ **along** [əlɔ́:ŋ]　　전 …을 따라
- □ **ask** [æsk]　　통 묻다, 물어보다
- □ **bath** [bæθ]　　명 목욕
- □ **below** [bilóu]　　전 …의 아래에
- □ **birthday** [bə́:rθdèi]　　명 생일
- □ **bright** [brait]　　형 빛나는, 밝은
- □ **candle** [kǽndl]　　명 (양)초
- □ **cheap** [tʃi:p]　　형 값이 싼
- □ **Christmas** [krísməs]　　명 크리스마스

Practice

age

along

ask

bath

below

birthday

bright

candle

cheap

Christmas

WORD SCIENCE ▶▶▶

Sentences

1. age

She looks young for her **age**.
그녀는 나이에 비해 젊어 보인다.

2. along

We walked **along** the bridge.
우리는 다리를 따라서 걸었다.

3. ask

I **asked** him a question.
나는 그에게 질문을 하나 했다.   · answer 대답하다

4. bath

He is taking a **bath** in the bathroom.
그는 욕실에서 목욕을 하고 있다.

5. below

His apartment is **below** ours.
그의 아파트는 우리 아래에 있다.   · above 위에

6. birthday

When is your **birthday**?
너의 생일은 언제이니?

7. bright

The baby's eyes are like **bright** stars.
그 아기의 눈은 밝은 별과 같다.   · brightly 밝게

8. candle

They tried to find a **candle** in the dark.
그들은 어둠 속에서 초를 찾으려고 했다.

9. cheap

He's looking for a **cheap** sweater.
그는 값이 싼 스웨터를 찾고 있다.   · expensive 값비싼

10. Christmas

I got a present on **Christmas** Eve.
나는 크리스마스 이브에 선물을 하나 받았다.

Unit 24
Memory Box

…할 때까지
마른, 얇은
오늘
확실한
맛이 나다
트럭
겨울
쓰다
따뜻한
어느, 어떤

Unit 25
Check-up

age
birthday
Christmas
bright
along
cheap
ask
bath
candle
below

Date: /

Signature:

New words

- ☐ **coat** [kout]   명 코트, 외투
- ☐ **copy** [kápi]   명 (같은 책의) 권, 복사
- ☐ **crayon** [kréiən]   명 크레용
- ☐ **dead** [ded]   형 죽은
- ☐ **dictionary** [díkʃənèri]   명 사전
- ☐ **dress** [dres]   명 드레스, 의복
- ☐ **earth** [ə:rθ]   명 지구
- ☐ **example** [igzǽmpəl]   명 모범, 본보기
- ☐ **family** [fǽməli]   명 가족
- ☐ **field** [fi:ld]   명 들판, 벌판

Practice

coat

copy

crayon

dead

dictionary

dress

earth

example

family

field

Sentences

1. coat
You can take off your **coat**.
너는 코트를 벗어도 된다.

2. copy
I bought a **copy** of the magazine.
나는 잡지 한 권을 샀다.

3. crayon
Can I borrow your yellow **crayon**?
네 노란색 크레용을 빌릴 수 있겠니?

4. dead
We cut down the **dead** tree.
우리는 죽은 나무를 베어냈다.   · death 죽음

5. dictionary
Do you have an English **dictionary**?
너는 영어 사전이 있니?

6. dress
Must I wear a **dress** for the meeting?
그 모임에 드레스를 입고 가야 하니?

7. earth
The **earth** goes around the sun.
지구는 태양 주위를 돈다.

8. example
She is an **example** of a good teacher.
그녀는 훌륭한 선생님의 본보기이다.   · for example 예를 들어

9. family
My **family** is always happy.
우리 가족은 언제나 행복하다.

10. field
The river runs through the **field**.
그 강은 들을 가로질러 흐른다.

Unit 25

Memory Box

생일
묻다, 물어보다
목욕
크리스마스
…의 아래에
빛나는, 맑은
나이, 연령
…을 따라
(양)초
값이 싼

Unit 26

Check-up

coat
dead
field
copy
crayon
dress
earth
dictionary
example
family

Date: /   Signature:

New words

- ☐ **flag** [flæg]   명 기, 깃발
- ☐ **frog** [frɔːg]   명 개구리
- ☐ **grass** [græs]   명 풀, 잔디
- ☐ **handle** [hǽndl]   명 손잡이
- ☐ **hill** [hil]   명 언덕
- ☐ **hose** [houz]   명 호스
- ☐ **job** [dʒɑb]   명 일, 직업
- ☐ **lake** [leik]   명 호수
- ☐ **leave** [liːv]   동 떠나다
- ☐ **list** [list]   명 목록, 리스트

Practice

flag

frog

grass

handle

hill

hose

job

lake

leave

list

Sentences

1. flag

A **flag** is flying on top of the pole.
깃발이 깃대 위에서 펄럭이고 있다.

2. frog

A **frog** jumped into the pond.
개구리 한 마리가 연못으로 뛰어들었다.

3. grass

You must keep off the **grass**.
잔디에 들어가면 안 된다.

4. handle

He turned the **handle** and opened the door.
그는 손잡이를 돌려 문을 열었다.

5. hill

There is a cottage on the **hill**.
언덕 위에 오두막이 하나 있다.

6. hose

He watered the plants with a **hose**.
그는 호스로 식물에 물을 주었다.

7. job

He is looking for a new **job**.
그는 새 일자리를 찾고 있다.

8. lake

We went fishing in the **lake**.
우리는 호수로 낚시하러 갔다.

9. leave

The train **leaves** at noon.
기차는 정오에 떠난다.   · leave-left-left

10. list

Give me the shopping **list**.
내게 쇼핑 리스트를 주어라.

Memory Box
Unit 26

코트, 외투
드레스, 의복
사전
(같은 책의) 권, 복사
죽은
지구
크레용
모범, 본보기
들판, 벌판
가족

Check-up
Unit 27

lake
grass
handle
flag
leave
hill
frog
hose
job
list

···▶ Dictation Test 9를 위해 114페이지로 이동해 주세요.

Date: / Signature:

New words

- □ **market** [máːrkit] 명 장, 시장
- □ **million** [míljən] 명 백만
- □ **need** [niːd] 동 …할 필요가 있다
- □ **note** [nout] 명 기록, 노트
- □ **paint** [peint] 동 (페인트를) 칠하다
- □ **person** [pə́ːrsən] 명 사람, 인물
- □ **place** [pleis] 명 곳, 장소
- □ **poster** [póustər] 명 포스터, 전단
- □ **purple** [pə́ːrpəl] 명 형 자줏빛(의)
- □ **ready** [rédi] 형 준비가 된

Practice

market

million

need

note

paint

person

place

poster

purple

ready

Sentences

1. **market**

   We bought crabs at the fish **market**.
   우리는 어시장에서 게를 샀다.

2. **million**

   Six **million** people live in our city.
   6백만의 사람들이 우리 도시에 산다.

3. **need**

   You **need** to clean your shoes.
   너는 네 신발을 닦을 필요가 있다.

4. **note**

   I always take **notes** in class.
   나는 수업 시간에 항상 메모를 한다.

5. **paint**

   We **painted** the house blue.
   우리는 집을 파란색으로 페인트를 칠했다.

6. **person**

   She is such a kind **person**.
   그녀는 아주 친절한 사람이다.

7. **place**

   I have no **place** to go.
   나는 갈 곳이 없다.

8. **poster**

   He covered the wall with **posters**.
   그는 벽을 포스터로 뒤덮었다.

9. **purple**

   He made **purple** by mixing red and blue.
   그는 빨간색과 파란색을 섞어서 자주색을 만들었다.

10. **ready**

    Are you **ready** to go to school?
    학교에 갈 준비가 되었니?

Unit 27

Memory Box

기, 깃발
풀, 잔디
개구리
손잡이
호스
일, 직업
호수
언덕
목록, 리스트
떠나다

Unit 28

Check-up

note
paint
market
person
place
million
need
purple
ready
poster

Date:	Signature:
/	

New words

☐ **return** [ritə́:rn]　🅢 돌아오다, 돌아가다　———————•

☐ **rose** [rouz]　🅜 장미　———————•

☐ **sandwich** [sǽndwitʃ]　🅜 샌드위치　———————•

☐ **sheep** [ʃi:p]　🅜 양, 면양　———————•

☐ **shut** [ʃʌt]　🅢 닫다　———————•

☐ **smell** [smel]　🅜🅢 냄새(맡다)　———————•

☐ **son** [sʌn]　🅜 아들　———————•

☐ **square** [skwɛər]　🅜 정사각형　———————•

☐ **stick** [stik]　🅜 막대기, 지팡이　———————•

☐ **subway** [sʌ́bwèi]　🅜 지하철　———————•

Practice

return　———————————•

rose　———————————•

sandwich　———————————•

sheep　———————————•

shut　———————————•

smell　———————————•

son　———————————•

square　———————————•

stick　———————————•

subway　———————————•

Sentences

1. return

He **returned** from his trip to America.
그는 미국 여행에서 돌아왔다.

2. rose

Roses smell nice.
장미는 향기가 좋다.

3. sandwich

I ate a peanut butter **sandwich**.
나는 피넛 버터 샌드위치를 먹었다.

4. sheep

There are many **sheep** on the farm.
농장에는 많은 양들이 있다.

5. shut

Please **shut** the windows.
창문을 좀 닫아주세요.

6. smell

Can you **smell** something burning?
뭔가 타는 냄새가 나지 않나요?

7. son

My **son** is a dentist.
우리 아들은 치과의사이다.

· daughter 딸

8. square

Your **square** looks like a rectangle.
네 정사각형은 직사각형처럼 보인다.

9. stick

The old man walked with a **stick**.
그 노인네는 지팡이를 짚고 걸었다.

10. subway

My father goes to work by **subway**.
우리 아버지는 지하철을 타고 일하러 가신다.

Unit 28

Memory Box

백만
장, 시장
…할 필요가 있다
포스터, 전단
사람, 인물
기록, 노트
(페인트) 칠하다
곳, 장소
준비가 된
자줏빛(의)

Unit 29

Check-up

smell
son
square
return
rose
sandwich
sheep
shut
stick
subway

Date: / Signature:

New words

- □ **sweet** [swiːt] · 형 달콤한
- □ **team** [tiːm] · 명 팀, 조, 한 패
- □ **thing** [θiŋ] · 명 것, 물건
- □ **together** [təɡéðər] · 부 함께, 같이
- □ **true** [truː] · 형 진실한, 정말의
- □ **vegetable** [védʒətəbəl] · 명 채소
- □ **water** [wɔ́ːtər] · 명 물
- □ **why** [hwai] · 부 왜, 어째서
- □ **wood** [wud] · 명 나무, 목재
- □ **wrong** [rɔːŋ] · 형 잘못된, 나쁜

Practice

sweet

team

thing

together

true

vegetable

water

why

wood

wrong

Sentences

1. **sweet**

   This candy is so **sweet**.
   이 사탕은 너무 달콤하다.

2. **team**

   Let's make five **teams**.
   우리 다섯 팀을 만들자.

3. **thing**

   What's the red **thing** on the floor?
   바닥에 있는 저 빨간 것이 뭐니?

4. **together**

   We walk to school **together**.
   우리는 함께 걸어서 학교에 간다.

5. **true**

   This is a **true** story.
   이 이야기는 사실이다.   · truth 진실

6. **vegetable**

   Carrots and potatoes are **vegetables**.
   당근과 감자는 채소이다.

7. **water**

   I had a glass of cold **water**.
   나는 차가운 물 한 잔을 마셨다.

8. **why**

   Why are you late for school?
   너는 왜 학교에 늦었니?

9. **wood**

   Wood comes from trees.
   목재는 나무로 만든다.

10. **wrong**

    Your answer is **wrong**.
    네 대답은 틀리다.   · right 옳은

Memory Box
Unit 29

장미
냄새(맡다)
샌드위치
양, 면양
닫다
돌아오다, 돌아가다
아들
정사각형
지하철
막대기, 지팡이

Check-up
Unit 30

sweet
team
water
thing
why
together
wrong
true
wood
vegetable

···▸ Dictation Test 10을 위해 115페이지로 이동해 주세요.

Signature:

Score: / 50

A Write down the meanings of the English words.

1. wrong

2. ask

3. birthday

4. candle

5. ready

6. dictionary

7. example

8. together

9. field

10. grass

11. smell

12. hose

13. leave

14. need

15. place

16. rose

17. subway

18. team

19. vegetable

20. why

B Write the English words for the Korean.

1. …을 따라

2. …의 아래에

3. 빛나는, 맑은

4. 크레용

5. 드레스, 의복

6. 가족

7. 기, 깃발

8. 언덕

9. 일, 직업

10. 장, 시장

11. 페인트칠하다

12. 자줏빛(의)

13. 돌아오다

14. 양, 면양

15. 정사각형

16. 달콤한

17. 것, 물건

18. 진실한

19. 물

20. 나무, 목재

C Choose the right words to fill in the blanks.

frog	notes	dead	sandwich	age
lake	person	earth	stick	cheap

1. We cut down the _____ tree.

2. She looks young for her _____.

3. He's looking for a _____ sweater.

4. A _____ jumped into the pond.

5. We went fishing in the _____.

6. She is such a kind _____.

7. The _____ goes around the sun.

8. I ate a peanut butter _____.

9. The old man walked with a _____.

10. I always take _____ in class.

WORD SCIENCE

Part 6

Date: /   Signature:

New words

- ☐ **airplane** [ɛ́ərplèin]   명 비행기
- ☐ **any** [éni]   형 얼마간의
- ☐ **backward** [bǽkwərd]   부 거꾸로, 뒤로
- ☐ **beautiful** [bjúːtifəl]   형 아름다운
- ☐ **between** [bitwíːn]   전 …의 사이에
- ☐ **board** [bɔːrd]   명 널, 판자
- ☐ **button** [bʌ́tn]   명 단추, 버튼
- ☐ **case** [keis]   명 경우, 사례
- ☐ **chess** [tʃes]   명 체스
- ☐ **climb** [klaim]   동 오르다

Practice

airplane

any

backward

beautiful

between

board

button

case

chess

climb

Sentences

1. **airplane**

   Our **airplane** will take off in a minute.
   우리 비행기는 1분이면 이륙할 것이다.   · plane 비행기

2. **any**

   Do you have **any** questions?
   뭔가 질문할 게 있나요?

3. **backward**

   Can you say the alphabet **backward**?
   알파벳을 거꾸로 말할 수 있니?

4. **beautiful**

   They picked some **beautiful** flowers.
   그들은 예쁜 꽃을 몇 송이 꺾었다.   · beauty 아름다움

5. **between**

   There is a dog house **between** the trees.
   나무 사이에 개집이 하나 있다.

6. **board**

   He used a **board** to fix the fence.
   그는 판자를 이용하여 울타리를 고쳤다.

7. **button**

   Press this **button** to bake a cake.
   케이크를 구우려면 이 버튼을 눌러라.

8. **case**

   In that **case**, what will you do?
   그런 경우라면, 너는 어떻게 하겠니?

9. **chess**

   I played **chess** with my father.
   나는 아버지와 체스를 했다.

10. **climb**

    My father **climbs** mountains every weekend.
    우리 아버지는 주말마다 산에 오르신다.

Unit 30

Memory Box

진실한, 정말의
달콤한
것, 물건
함께, 같이
채소
팀, 조, 한 패
물
나무, 목재
왜, 어째서
잘못된, 나쁜

Unit 31

Check-up

board
climb
button
case
between
airplane
backward
any
beautiful
chess

Date: /

Signature:

New words

- □ **comb** [koum]   동 빗다 명 빗   _____
- □ **count** [kaunt]   동 세다   _____
- □ **curtain** [kə́ːrtən]   명 커튼   _____
- □ **deer** [diər]   명 사슴   _____
- □ **doctor** [dάktər]   명 의사   _____
- □ **drop** [drɑp]   동 떨어뜨리다   _____
- □ **enjoy** [endʒɔ́i]   동 즐기다   _____
- □ **fact** [fækt]   명 사실, 진실   _____
- □ **fast** [fæst]   부 빨리 형 빠른   _____
- □ **film** [film]   명 영화, 필름   _____

Practice

comb				
count				
curtain				
deer				
doctor				
drop				
enjoy				
fact				
fast				
film				

Sentences

1. comb
She is **combing** her hair.
그녀는 머리를 빗고 있다.

2. count
Can you **count** up to ten?
열까지 셀 수 있니?

3. curtain
Please draw the **curtains** for me.
커튼을 좀 쳐주세요.

4. deer
I saw some **deer** at the zoo.
나는 동물원에서 사슴을 몇 마리 보았다.　　　　· pl. deer

5. doctor
I will go to see a **doctor**.
나는 병원에 갈 것이다.　　　　· nurse 간호사

6. drop
The waiter **dropped** a glass of water.
웨이터는 물 한 잔을 떨어뜨렸다.

7. enjoy
We **enjoyed** ourselves at the party.
우리는 파티에서 즐겁게 보냈다.

8. fact
He couldn't believe the **fact**.
그는 그 사실을 믿을 수 없었다.

9. fast
My mother runs very **fast**.
우리 어머니는 아주 빨리 달린다.

10. film
We agreed that it was a good **film**.
우리는 그것이 훌륭한 영화라는 것에 동의한다.

Unit 31

Memory Box

얼마간의

비행기

거꾸로, 뒤로

단추, 버튼

…의 사이에

체스

널, 판자

경우, 사례

오르다

아름다운

Unit 32

Check-up

drop

enjoy

fact

curtain

deer

comb

film

count

doctor

fast

Date:	Signature:
/	

New words

- ☐ **fool** [fuːl]   명 바보
- ☐ **glove** [glʌv]   명 장갑, 글러브
- ☐ **guitar** [gitáːr]   명 기타
- ☐ **helicopter** [hélikàptər]   명 헬리콥터
- ☐ **hole** [houl]   명 구멍
- ☐ **hungry** [hʌ́ŋgri]   형 배고픈
- ☐ **kid** [kid]   명 아이
- ☐ **last** [læst]   형 지난번의, 최후의
- ☐ **life** [laif]   명 생명, 생물
- ☐ **lot** [lɑt]   명 많음

Practice

fool

glove

guitar

helicopter

hole

hungry

kid

last

life

lot

WORD SCIENCE

▶▶▶

Sentences

1. fool

What a **fool** she was to believe him!
그를 믿다니 그녀는 참 바보야!
· foolish 어리석은

2. glove

Jane is wearing a pair of red **gloves**.
제인은 빨간색 장갑을 끼고 있다.

3. guitar

I can play the **guitar** very well.
나는 기타를 아주 잘 칠 수 있다.

4. helicopter

A **helicopter** hovered above the building.
헬리콥터 한 대가 빌딩 위를 맴돌았다.

5. hole

He's digging a **hole** in the garden.
그는 정원에 구덩이를 파고 있다.

6. hungry

I didn't eat breakfast, so I am so **hungry**.
나는 아침을 먹지 않았다. 그래서 너무 배고프다.
· hunger 배고픔

7. kid

Several **kids** were playing in the park.
몇 명의 아이들이 공원에서 놀고 있었다.

8. last

I went to the movies **last** night.
나는 어젯밤에 영화를 보러 갔었다.

9. life

Is there **life** on Mars?
화성에는 생명체가 있니?

10. lot

The boy has a **lot** of toys.
그 남자아이는 장난감이 많다.
· a lot of, lots of 많은

Unit 32 — Memory Box

세다
빗다, 빗
사슴
떨어뜨리다
커튼
사실, 진실
빨리, 빠른
즐기다
영화, 필름
의사

Unit 33 — Check-up

guitar
helicopter
fool
glove
hole
life
hungry
lot
kid
last

···▶ Dictation Test 11을 위해 116페이지로 이동해 주세요.

Date: /   Signature:

New words 📖

☐ **medal** [médl]	명 메달, 상패	
☐ **mouse** [maus]	명 생쥐	
☐ **next** [nekst]	형 다음의	
☐ **only** [óunli]	부 단지, 오직	
☐ **pass** [pæs]	동 합격하다	
☐ **piece** [piːs]	명 조각, 단편	
☐ **police** [pəlíːs]	명 경찰	
☐ **print** [print]	동 인쇄하다	
☐ **quick** [kwik]	형 빠른	
☐ **rectangle** [réktæ̀ŋgəl]	명 직사각형	

Practice ✏️

medal

mouse

next

only

pass

piece

police

print

quick

rectangle

Sentences

1. medal

He won a gold **medal**.

그는 금메달을 땄다.

2. mouse

I saw a **mouse** in the hole.

나는 구멍에서 생쥐 한 마리를 봤다.

· pl. mice

3. next

We will go to London **next** week.

우리는 다음 주에 런던에 갈 것이다.

4. only

I **only** want to talk to him.

나는 그에게 말하고 싶을 뿐이다.

5. pass

Did you **pass** your English exam?

너는 영어 시험에 합격했니?

6. piece

Would you like a **piece** of cake?

케이크 한 조각 드실래요?

7. police

A **police** officer stopped the car.

경찰관이 자동차를 세웠다.

8. print

The school newspaper **printed** my poem.

학교 신문에 내 시가 실렸다.

9. quick

He couldn't give a **quick** reply.

그는 재빨리 대답할 수 없었다.

· quickly 빠르게

10. rectangle

Draw a **rectangle** in your notebook.

노트에 직사각형 하나를 그려라.

Memory Box
Unit 33

장갑, 글러브
많음
기타
헬리콥터
바보
구멍
아이
지난번의, 최후의
배고픈
생명, 생물

Check-up
Unit 34

medal
police
only
pass
quick
mouse
print
next
piece
rectangle

Date: /	Signature:

New words

- ☐ **rocket** [rɑ́kit]　　명 로켓
- ☐ **salt** [sɔːlt]　　명 소금
- ☐ **seat** [siːt]　　명 좌석, 자리
- ☐ **shop** [ʃɑp]　　명 가게, 상점
- ☐ **size** [saiz]　　명 크기, 치수
- ☐ **so** [sou]　　접 그래서
- ☐ **spell** [spel]　　동 철자를 쓰다
- ☐ **station** [stéiʃən]　　명 정거장
- ☐ **stove** [stouv]　　명 스토브, 난로
- ☐ **supermarket** [súːpərmὰːrkit]　명 슈퍼마켓

Practice

rocket		
salt		
seat		
shop		
size		
so		
spell		
station		
stove		
supermarket		

Sentences

1. **rocket**

   They shot the **rocket** into space.
   그들은 우주공간으로 로켓을 쏘아올렸다.

2. **salt**

   Mom added a little **salt** to the soup.
   엄마는 수프에 소금을 좀 첨가했다.
   · pepper 후추

3. **seat**

   We fastened our **seat** belts.
   우리는 좌석 벨트를 맸다.

4. **shop**

   I bought a present at a gift **shop**.
   나는 선물 가게에서 선물을 하나 샀다.

5. **size**

   I want this sweater in a bigger **size**.
   나는 좀 더 큰 사이즈의 이 스웨터를 원한다.

6. **so**

   I am tired, **so** I want some rest.
   나는 피곤하다. 그래서 좀 쉬고 싶다.

7. **spell**

   She **spelled** the word correctly.
   그녀는 그 단어의 철자를 정확히 썼다.

8. **station**

   Is there a bus **station** around here?
   이 근처에 버스 정류장이 있나요?

9. **stove**

   The water boiled over the hot **stove**.
   물이 뜨거운 스토브 위에서 끓었다.

10. **supermarket**

    We can buy many things at the **supermarket**.
    우리는 슈퍼마켓에서 많은 것들을 살 수 있다.

Unit 34
Memory Box

경찰

생쥐

합격하다

다음의

메달, 상패

직사각형

단지, 오직

인쇄하다

조각, 단편

빠른

Unit 35
Check-up

seat

shop

so

stove

rocket

salt

size

supermarket

spell

station

Date: / Signature:

New words

- □ **talk** [tɔːk]   동 말하다
- □ **than** [ðæn]   접 …보다
- □ **tiger** [táigər]   명 호랑이
- □ **top** [tɑp]   명 꼭대기, 정상
- □ **ugly** [ʌ́gli]   형 추한, 보기 싫은
- □ **wake** [weik]   동 일어나다
- □ **wet** [wet]   형 젖은
- □ **window** [wíndou]   명 창(문)
- □ **world** [wəːrld]   명 세계
- □ **zero** [zíərou]   명 제로, 영도

Practice

talk

than

tiger

top

ugly

wake

wet

window

world

zero

Sentences

1. talk

I want to **talk** to you about something.

나는 너에게 뭔가 말할 게 있다.

2. than

He is much taller **than** I am.

그는 나보다 훨씬 더 크다.

3. tiger

I saw some **tigers** at the zoo.

나는 동물원에서 호랑이 몇 마리를 보았다.

· lion 사자

4. top

There's a nest near the **top** of the tree.

나무 꼭대기 근처에 둥지가 하나 있다.

5. ugly

He looks **ugly** but is kind.

그는 추하게 보이지만 착하다.

· pretty 예쁜

6. wake

I usually **wake** up at six.

나는 보통 6시에 일어난다.

· wake up 일어나다

7. wet

I changed my **wet** clothes.

나는 젖은 옷을 갈아입었다.

· dry 마른

8. window

Please open the **window**.

창문을 열어주세요.

9. world

I will travel around the **world**.

나는 세계 일주를 할 것이다.

10. zero

The temperature is three degrees below **zero**.

기온이 영하 3도이다.

Unit 35

Memory Box

소금
로켓
좌석, 자리
가게, 상점
철자를 쓰다
그래서
스토브, 난로
정거장
슈퍼마켓
크기, 치수

Unit 36

Check-up

top
ugly
wake
talk
wet
than
world
tiger
window
zero

···▶ Dictation Test 12를 위해 117페이지로 이동해 주세요.

Signature:

Score:

/ 50

A Write down the meanings of the English words.

1. seat	11. glove
2. board	12. wake
3. climb	13. last
4. zero	14. lot
5. deer	15. only
6. stove	16. police
7. drop	17. beautiful
8. window	18. rectangle
9. than	19. spell
10. fact	20. top

B Write the English words for the Korean.

1. 거꾸로, 뒤로	11. 조각, 단편
2. …의 사이에	12. 빠른
3. 경우, 사례	13. 소금
4. 빗다, 빗	14. 크기, 치수
5. 의사	15. 정거장
6. 즐기다	16. 말하다
7. 바보	17. 호랑이
8. 배고픈	18. 추한
9. 생명, 생물	19. 젖은
10. 생쥐	20. 세계

C Choose the right words to fill in the blanks.

next	kids	hole	shop	rocket
pass	button	fast	airplane	count

1. Press this _____ to bake a cake.

2. Can you _____ up to ten?

3. My mother runs very _____.

4. I bought a present at a gift _____.

5. Our _____ will take off in a minute.

6. He's digging a _____ in the garden.

7. We will go to London _____ week.

8. Did you _____ your English exam?

9. Several _____ were playing in the park.

10. They shot the _____ into space.

···▸ Online Test 3를 위해 120페이지로 이동해 주세요.

WORD SCIENCE

🎧 Dictation Test 1

Signature:	Score:
	/ 30

◉ www.pagodabook.com에서 WORD SCIENCE 온라인 테스트를 클릭한 후 해당 Step의 Dictation Test를 선택해서 문제를 듣고 단어와 뜻을 적으세요.

1. _____ / _____

2. _____ / _____

3. _____ / _____

4. _____ / _____

5. _____ / _____

6. _____ / _____

7. _____ / _____

8. _____ / _____

9. _____ / _____

10. _____ / _____

11. _____ / _____

12. _____ / _____

13. _____ / _____

14. _____ / _____

15. _____ / _____

16. _____ / _____

17. _____ / _____

18. _____ / _____

19. _____ / _____

20. _____ / _____

21. _____ / _____

22. _____ / _____

23. _____ / _____

24. _____ / _____

25. _____ / _____

26. _____ / _____

27. _____ / _____

28. _____ / _____

29. _____ / _____

30. _____ / _____

Dictation Test 2

Signature:	Score:
	/ 30

● www.pagodabook.com에서 WORD SCIENCE 온라인 테스트를 클릭한 후 해당 Step의
Dictation Test를 선택해서 문제를 듣고 단어와 뜻을 적으세요.

1. _____ / _____

2. _____ / _____

3. _____ / _____

4. _____ / _____

5. _____ / _____

6. _____ / _____

7. _____ / _____

8. _____ / _____

9. _____ / _____

10. _____ / _____

11. _____ / _____

12. _____ / _____

13. _____ / _____

14. _____ / _____

15. _____ / _____

16. _____ / _____

17. _____ / _____

18. _____ / _____

19. _____ / _____

20. _____ / _____

21. _____ / _____

22. _____ / _____

23. _____ / _____

24. _____ / _____

25. _____ / _____

26. _____ / _____

27. _____ / _____

28. _____ / _____

29. _____ / _____

30. _____ / _____

🎧 Dictation Test 3

Signature: | Score: / 30

● www.pagodabook.com에서 WORD SCIENCE 온라인 테스트를 클릭한 후 해당 Step의 Dictation Test를 선택해서 문제를 듣고 단어와 뜻을 적으세요.

1. _____ / _____
2. _____ / _____
3. _____ / _____
4. _____ / _____
5. _____ / _____
6. _____ / _____
7. _____ / _____
8. _____ / _____
9. _____ / _____
10. _____ / _____
11. _____ / _____
12. _____ / _____
13. _____ / _____
14. _____ / _____
15. _____ / _____
16. _____ / _____
17. _____ / _____
18. _____ / _____
19. _____ / _____
20. _____ / _____
21. _____ / _____
22. _____ / _____
23. _____ / _____
24. _____ / _____
25. _____ / _____
26. _____ / _____
27. _____ / _____
28. _____ / _____
29. _____ / _____
30. _____ / _____

🎧 Dictation Test 4

Signature: Score: / 30

● www.pagodabook.com에서 WORD SCIENCE 온라인 테스트를 클릭한 후 해당 Step의 Dictation Test를 선택해서 문제를 듣고 단어와 뜻을 적으세요.

1. _____ / _____

2. _____ / _____

3. _____ / _____

4. _____ / _____

5. _____ / _____

6. _____ / _____

7. _____ / _____

8. _____ / _____

9. _____ / _____

10. _____ / _____

11. _____ / _____

12. _____ / _____

13. _____ / _____

14. _____ / _____

15. _____ / _____

16. _____ / _____

17. _____ / _____

18. _____ / _____

19. _____ / _____

20. _____ / _____

21. _____ / _____

22. _____ / _____

23. _____ / _____

24. _____ / _____

25. _____ / _____

26. _____ / _____

27. _____ / _____

28. _____ / _____

29. _____ / _____

30. _____ / _____

🎧 Dictation Test 5

Signature:

Score:

/ 30

● www.pagodabook.com에서 WORD SCIENCE 온라인 테스트를 클릭한 후 해당 Step의
Dictation Test를 선택해서 문제를 듣고 단어와 뜻을 적으세요.

1. _____ / _____

2. _____ / _____

3. _____ / _____

4. _____ / _____

5. _____ / _____

6. _____ / _____

7. _____ / _____

8. _____ / _____

9. _____ / _____

10. _____ / _____

11. _____ / _____

12. _____ / _____

13. _____ / _____

14. _____ / _____

15. _____ / _____

16. _____ / _____

17. _____ / _____

18. _____ / _____

19. _____ / _____

20. _____ / _____

21. _____ / _____

22. _____ / _____

23. _____ / _____

24. _____ / _____

25. _____ / _____

26. _____ / _____

27. _____ / _____

28. _____ / _____

29. _____ / _____

30. _____ / _____

Dictation Test 6

Signature:

Score: / 30

● www.pagodabook.com에서 WORD SCIENCE 온라인 테스트를 클릭한 후 해당 Step의 Dictation Test를 선택해서 문제를 듣고 단어와 뜻을 적으세요.

1. _____ / _____

2. _____ / _____

3. _____ / _____

4. _____ / _____

5. _____ / _____

6. _____ / _____

7. _____ / _____

8. _____ / _____

9. _____ / _____

10. _____ / _____

11. _____ / _____

12. _____ / _____

13. _____ / _____

14. _____ / _____

15. _____ / _____

16. _____ / _____

17. _____ / _____

18. _____ / _____

19. _____ / _____

20. _____ / _____

21. _____ / _____

22. _____ / _____

23. _____ / _____

24. _____ / _____

25. _____ / _____

26. _____ / _____

27. _____ / _____

28. _____ / _____

29. _____ / _____

30. _____ / _____

🎧 Dictation Test 7

Signature:

Score:
/ 30

● www.pagodabook.com에서 WORD SCIENCE 온라인 테스트를 클릭한 후 해당 Step의 Dictation Test를 선택해서 문제를 듣고 단어와 뜻을 적으세요.

1. _____ / _____

2. _____ / _____

3. _____ / _____

4. _____ / _____

5. _____ / _____

6. _____ / _____

7. _____ / _____

8. _____ / _____

9. _____ / _____

10. _____ / _____

11. _____ / _____

12. _____ / _____

13. _____ / _____

14. _____ / _____

15. _____ / _____

16. _____ / _____

17. _____ / _____

18. _____ / _____

19. _____ / _____

20. _____ / _____

21. _____ / _____

22. _____ / _____

23. _____ / _____

24. _____ / _____

25. _____ / _____

26. _____ / _____

27. _____ / _____

28. _____ / _____

29. _____ / _____

30. _____ / _____

Dictation Test 8

Signature:　　　　Score:
　　　　　　　　　　/ 30

● www.pagodabook.com에서 WORD SCIENCE 온라인 테스트를 클릭한 후 해당 Step의 Dictation Test를 선택해서 문제를 듣고 단어와 뜻을 적으세요.

1. _____ / _____

2. _____ / _____

3. _____ / _____

4. _____ / _____

5. _____ / _____

6. _____ / _____

7. _____ / _____

8. _____ / _____

9. _____ / _____

10. _____ / _____

11. _____ / _____

12. _____ / _____

13. _____ / _____

14. _____ / _____

15. _____ / _____

16. _____ / _____

17. _____ / _____

18. _____ / _____

19. _____ / _____

20. _____ / _____

21. _____ / _____

22. _____ / _____

23. _____ / _____

24. _____ / _____

25. _____ / _____

26. _____ / _____

27. _____ / _____

28. _____ / _____

29. _____ / _____

30. _____ / _____

Dictation Test 9

Signature: | Score:
| / 30

● www.pagodabook.com에서 WORD SCIENCE 온라인 테스트를 클릭한 후 해당 Step의 Dictation Test를 선택해서 문제를 듣고 단어와 뜻을 적으세요.

1. _____ / _____

2. _____ / _____

3. _____ / _____

4. _____ / _____

5. _____ / _____

6. _____ / _____

7. _____ / _____

8. _____ / _____

9. _____ / _____

10. _____ / _____

11. _____ / _____

12. _____ / _____

13. _____ / _____

14. _____ / _____

15. _____ / _____

16. _____ / _____

17. _____ / _____

18. _____ / _____

19. _____ / _____

20. _____ / _____

21. _____ / _____

22. _____ / _____

23. _____ / _____

24. _____ / _____

25. _____ / _____

26. _____ / _____

27. _____ / _____

28. _____ / _____

29. _____ / _____

30. _____ / _____

Dictation Test 10

Signature:　　　Score:

/ 30

● www.pagodabook.com에서 WORD SCIENCE 온라인 테스트를 클릭한 후 해당 Step의
Dictation Test를 선택해서 문제를 듣고 단어와 뜻을 적으세요.

1. _____ / _____

2. _____ / _____

3. _____ / _____

4. _____ / _____

5. _____ / _____

6. _____ / _____

7. _____ / _____

8. _____ / _____

9. _____ / _____

10. _____ / _____

11. _____ / _____

12. _____ / _____

13. _____ / _____

14. _____ / _____

15. _____ / _____

16. _____ / _____

17. _____ / _____

18. _____ / _____

19. _____ / _____

20. _____ / _____

21. _____ / _____

22. _____ / _____

23. _____ / _____

24. _____ / _____

25. _____ / _____

26. _____ / _____

27. _____ / _____

28. _____ / _____

29. _____ / _____

30. _____ / _____

Dictation Test 11

Signature:

Score:

/ 30

● www.pagodabook.com에서 WORD SCIENCE 온라인 테스트를 클릭한 후 해당 Step의 Dictation Test를 선택해서 문제를 듣고 단어와 뜻을 적으세요.

1. _____ / _____

2. _____ / _____

3. _____ / _____

4. _____ / _____

5. _____ / _____

6. _____ / _____

7. _____ / _____

8. _____ / _____

9. _____ / _____

10. _____ / _____

11. _____ / _____

12. _____ / _____

13. _____ / _____

14. _____ / _____

15. _____ / _____

16. _____ / _____

17. _____ / _____

18. _____ / _____

19. _____ / _____

20. _____ / _____

21. _____ / _____

22. _____ / _____

23. _____ / _____

24. _____ / _____

25. _____ / _____

26. _____ / _____

27. _____ / _____

28. _____ / _____

29. _____ / _____

30. _____ / _____

Dictation Test 12

Signature:

Score:

/ 30

● www.pagodabook.com에서 WORD SCIENCE 온라인 테스트를 클릭한 후 해당 Step의 Dictation Test를 선택해서 문제를 듣고 단어와 뜻을 적으세요.

1. _____ / _____

2. _____ / _____

3. _____ / _____

4. _____ / _____

5. _____ / _____

6. _____ / _____

7. _____ / _____

8. _____ / _____

9. _____ / _____

10. _____ / _____

11. _____ / _____

12. _____ / _____

13. _____ / _____

14. _____ / _____

15. _____ / _____

16. _____ / _____

17. _____ / _____

18. _____ / _____

19. _____ / _____

20. _____ / _____

21. _____ / _____

22. _____ / _____

23. _____ / _____

24. _____ / _____

25. _____ / _____

26. _____ / _____

27. _____ / _____

28. _____ / _____

29. _____ / _____

30. _____ / _____

Online Test 1

Signature:

Score: / 100

- www.pagodabook.com에서 WORD SCIENCE 온라인 테스트를 클릭한 후 해당 Step의 Online Test를 선택하세요.

· Test 채점표를 아래 박스 위에 붙이세요.

WORD SCIENCE STEP 1
On-line Test 1

Online Test 2

Signature:	Score:
	/ 100

● www.pagodabook.com에서 WORD SCIENCE 온라인 테스트를 클릭한 후 해당 Step의
Online Test를 선택하세요.

· Test 채점표를 아래 박스 위에 붙이세요.

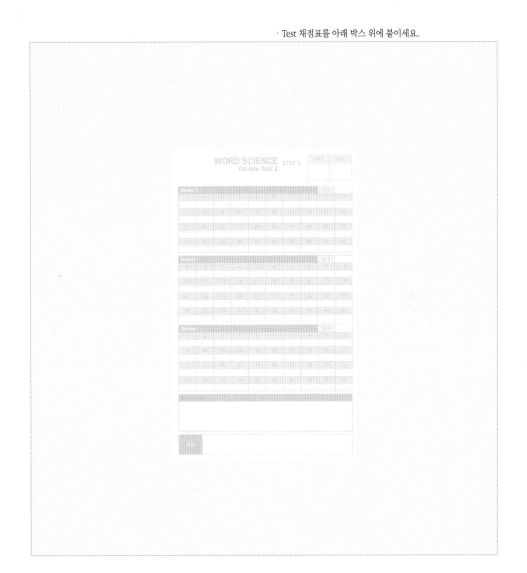

Online Test 3

Signature: Score:

/ 100

● www.pagodabook.com에서 WORD SCIENCE 온라인 테스트를 클릭한 후 해당 Step의 Online Test를 선택하세요.

· Test 채점표를 아래 박스 위에 붙이세요.

WORD SCIENCE STEP
Online Test 3

WORD SCIENCE

정답 Part test

Part Test 1

Unit 01~Unit 06

Ⓐ
1. roll 구르다
2. sleep 잠자다
3. tall 키 큰
4. understand 이해하다
5. cake 케이크
6. when 언제
7. till …까지
8. worm 벌레
9. spend 쓰다, 소비하다
10. album 앨범, 사진첩
11. bill 계산서, 지폐
12. clothes 옷, 의복
13. every …마다, 모두
14. fire 불, 화재
15. holiday 휴가, 휴일
16. kill 죽이다
17. move 움직이다, 옮기다
18. other 다른, 그밖의
19. problem 문제
20. country 나라, 시골

Ⓑ
1. 어깨 shoulder
2. 저녁 식사 supper
3. 감사하다 thank
4. 장난감 toy
5. 벽 wall
6. 날개 wing
7. 부드러운 soft
8. 거리 street
9. 아파트 apartment
10. 둘 다의 both
11. 대형 상자 chest
12. 컴퓨터 computer
13. 달러 dollar
14. 느끼다 feel
15. 형태, 모양 form
16. 상처를 내다 hurt
17. 비웃다 laugh
18. 조카딸 niece
19. 사람들 people
20. 토끼 rabbit

Ⓒ
1. pool
2. before
3. drum
4. hen
5. absent
6. line
7. luck
8. rest
9. same
10. fair

Part Test 2

Unit 07~Unit 12

Ⓐ
1. aunt 이모, 고모
2. block 한 구획, 블록
3. corn 옥수수
4. east 동쪽
5. far 멀리
6. ago …전에
7. floor 마루, 바닥
8. hear 듣다
9. swing 그네
10. land 육지
11. never 결코 …하지 않다
12. word 말, 낱말
13. pet 애완동물
14. ride 타다
15. side 쪽, 측면
16. practice 연습(하다)
17. stone 돌, 돌멩이
18. throw 던지다
19. wear 입고 있다, 쓰고 있다
20. tulip 튤립

Ⓑ
1. 또한, 역시 also
2. 해변, 바닷가 beach
3. 원 circle
4. 죽다 die
5. 용서하다 excuse
6. 싸우다 fight
7. 땅, 지면 ground
8. 병원 hospital
9. 편지, 글자 letter
10. 번호, 숫자 number
11. 계획(하다) plan
12. 진실의 real
13. 둥근 round
14. 담배 피우다 smoke
15. 여름 summer
16. 전화(기) telephone
17. 토마토 tomato
18. 비디오 video
19. …할 것이다 will
20. 안마당 yard

Ⓒ
1. pair
2. burned
3. cream
4. drink
5. bench
6. front
7. hit
8. sour
9. minutes
10. schedule

Part Test 3

Ⓐ
1. win 이기다
2. base 베이스, 기초
3. sunny 밝게 비치는
4. birth 출생, 탄생
5. lose 잃다, 놓치다
6. tomorrow 내일
7. cross 가로지르다
8. drive 몰다, 운전하다
9. fill 채우다
10. hold 잡다, 갖고 있다
11. large 큰, 넓은
12. parents 부모, 어버이
13. center 중앙, 중심
14. please 제발, 부디
15. question 질문, 물음
16. shoot 쏘다, 발사하다
17. test 시험, 테스트
18. visit 방문하다
19. yesterday 어제
20. snake 뱀

Ⓑ
1. 행동, 활동 action
2. …뒤에 behind
3. 다리 bridge
4. 길모퉁이 corner
5. 다른, 각각의 different
6. 운동(하다) exercise
7. 문 gate
8. 기르다 keep
9. 도서관 library
10. 간호사 nurse
11. 피아노 piano
12. 왕자 prince
13. 길, 도로 road
14. 은 silver
15. 가게, 상점 store
16. 가지고 가다 take
17. 표, 입장권 ticket
18. 2회, 두 번 twice
19. 서쪽 west
20. 일(하다) work

Ⓒ
1. meal
2. as
3. deep
4. farm
5. grow
6. camera
7. hotel
8. moon
9. south
10. safe

Part Test 4

Ⓐ
1. write 쓰다
2. blow (바람이) 불다
3. classmate 급우
4. show 보여주다
5. dialogue 대화
6. few 조금의, 다소의
7. cover 덮다, 씌우다
8. taste 맛이 나다
9. fox 여우
10. hike 하이킹하다
11. lip 입술
12. middle 중앙, 한가운데
13. pepper 후추
14. read 읽다
15. some 약간의, 얼마간의
16. away 떨어져서
17. strong 강한
18. today 오늘
19. until …할 때까지
20. which 어느, 어떤

Ⓑ
1. …의 사이에 among
2. …의 옆에 beside
3. 치즈 cheese
4. 동전 coin
5. 딸 daughter
6. 각각의 each
7. 고치다 fix
8. 할머니 grandmother
9. 만약 …라면 if
10. 화난, 미친 mad
11. 북쪽(의) north
12. 부치다, 우편 post
13. 모래 sand
14. 미끄럼 타다 slide
15. 봄 spring
16. 확실한 sure
17. 마른, 얇은 thin
18. 트럭 truck
19. 따뜻한 warm
20. 겨울 winter

Ⓒ
1. air
2. cool
3. dream
4. lead
5. near
6. carries
7. outside
8. hope
9. stepped
10. roof

Part Test 5 — Unit 25~Unit 30

Ⓐ
1. wrong 잘못된, 나쁜
2. ask 묻다, 물어보다
3. birthday 생일
4. candle (양)초
5. ready 준비가 된
6. dictionary 사전
7. example 모범, 본보기
8. together 함께, 같이
9. field 들판, 벌판
10. grass 풀, 잔디
11. smell 냄새(맡다)
12. hose 호스
13. leave 떠나다
14. need …할 필요가 있다
15. place 곳, 장소
16. rose 장미
17. subway 지하철
18. team 팀, 조, 한 패
19. vegetable 채소
20. why 왜, 어째서

Ⓑ
1. …을 따라 along
2. …의 아래에 below
3. 빛나는, 맑은 bright
4. 크레용 crayon
5. 드레스, 의복 dress
6. 가족 family
7. 기, 깃발 flag
8. 언덕 hill
9. 일, 직업 job
10. 장, 시장 market
11. 페인트칠하다 paint
12. 자줏빛(의) purple
13. 돌아오다 return
14. 양, 면양 sheep
15. 정사각형 square
16. 달콤한 sweet
17. 것, 물건 thing
18. 진실한 true
19. 물 water
20. 나무, 목재 wood

Ⓒ
1. dead
2. age
3. cheap
4. frog
5. lake
6. person
7. earth
8. sandwich
9. stick
10. notes

Part Test 6 — Unit 31~Unit 36

Ⓐ
1. seat 좌석, 자리
2. board 널, 판자
3. climb 오르다
4. zero 제로, 영도
5. deer 사슴
6. stove 스토브, 난로
7. drop 떨어뜨리다
8. window 창(문)
9. than …보다
10. fact 사실, 진실
11. glove 장갑, 글러브
12. wake 일어나다
13. last 지난번의, 최후의
14. lot 많음
15. only 단지, 오직
16. police 경찰
17. beautiful 아름다운
18. rectangle 직사각형
19. spell 철자를 쓰다
20. top 꼭대기, 정상

Ⓑ
1. 거꾸로, 뒤로 backward
2. …의 사이에 between
3. 경우, 사례 case
4. 빗다, 빗 comb
5. 의사 doctor
6. 즐기다 enjoy
7. 바보 fool
8. 배고픈 hungry
9. 생명, 생물 life
10. 생쥐 mouse
11. 조각, 단편 piece
12. 빠른 quick
13. 소금 salt
14. 크기, 치수 size
15. 정거장 station
16. 말하다 talk
17. 호랑이 tiger
18. 추한 ugly
19. 젖은 wet
20. 세계 world

Ⓒ
1. button
2. count
3. fast
4. shop
5. airplane
6. hole
7. next
8. pass
9. kids
10. rocket

정답 Dictation

Dictation 1

1. form / 형태, 모양
2. hen / 암탉
3. fire / 불, 화재
4. gold / 금, 황금
5. absent / 결석의, 부재의
6. band / 악단, 밴드, 무리
7. album / 앨범, 사진첩
8. before / …전에
9. kill / 죽이다
10. laugh / 웃다, 비웃다
11. apartment / 아파트
12. feel / 느끼다
13. half / 반, 절반
14. bill / 계산서, 지폐
15. cake / 케이크
16. holiday / 휴가, 휴일
17. both / 양쪽의, 둘 다의
18. cassette / 카세트
19. date / 날짜
20. chest / 대형 상자, 가슴
21. dial / 다이얼(을 돌리다)
22. clothes / 옷, 의복
23. dollar / 달러
24. country / 나라, 시골
25. drum / 북, 드럼
26. every / …마다, 모두
27. fair / 정정당당히, 공평한
28. hurt / 상처를 내다
29. line / 줄, 선
30. computer / 컴퓨터

Dictation 2

1. sleep / 잠자다
2. people / 사람들
3. luck / 운, 행운
4. toy / 장난감
5. meter / 미터
6. pineapple / 파인애플
7. service / 서비스, 봉사
8. rabbit / 토끼
9. soft / 부드러운
10. pool / 물웅덩이
11. rest / 휴식
12. problem / 문제
13. till / …까지
14. roll / 구르다
15. same / 같은, 동일한
16. move / 움직이다, 옮기다
17. thank / 감사하다
18. niece / 조카딸
19. other / 다른, 그밖의
20. shoulder / 어깨
21. wall / 벽
22. spend / 쓰다, 소비하다
23. when / 언제
24. steam / 스팀, 증기
25. street / 거리
26. worm / 벌레
27. supper / 저녁 식사
28. tall / 키 큰
29. understand / 이해하다
30. wing / 날개

Dictation 3

1. beach / 해변, 바닷가
2. coffee / 커피
3. bench / 벤치, 긴 의자
4. corn / 옥수수
5. dear / 귀여운, 친애하는
6. cream / 크림
7. die / 죽다
8. east / 동쪽
9. front / 앞, 앞쪽
10. ground / 땅, 지면
11. hear / 듣다
12. little / 작은
13. ago / …전에
14. block / 한 구획, 블록
15. floor / 마루, 바닥
16. burn / 타다
17. hit / 치다, 때리다
18. drink / 마시다
19. hospital / 병원
20. jungle / 정글, 밀림
21. land / 육지
22. card / 카드
23. letter / 편지, 글자
24. check / 체크하다, 대조하다
25. also / 또한, 역시
26. fight / 싸우다
27. aunt / 고모, 이모
28. excuse / 용서하다, 변명하다
29. far / 멀리
30. circle / 원

Dictation 4

1. stone / 돌, 돌멩이
2. wear / 입고 있다, 쓰고 있다
3. number / 번호, 숫자
4. word / 말, 낱말
5. yard / 안마당
6. swing / 그네
7. may / …해도 좋다
8. smoke / 담배를 피우다
9. real / 진실의, 실제의
10. will / …할 것이다
11. minute / (시간의) 분
12. throw / 던지다
13. never / 결코 …하지 않다
14. summer / 여름
15. telephone / 전화(기)
16. stairs / 계단
17. tomato / 토마토
18. practice / 연습(하다)
19. ride / 타다
20. puzzle / 퍼즐, 수수께끼
21. round / 둥근
22. schedule / 예정, 스케줄
23. tulip / 튤립
24. video / 비디오
25. pair / 한 쌍, 한 벌
26. sheet / 시트, 커버
27. pet / 애완동물
28. side / 쪽, 측면
29. plan / 계획(하다)
30. sour / 시큼한, 신

정답 Dictation

Dictation 5
Unit 13~Unit 15

1. bridge / 다리
2. center / 중앙, 중심
3. keep / 기르다, 유지하다
4. large / 큰, 넓은
5. camera / 카메라
6. library / 도서관
7. chopsticks / 젓가락
8. lose / 잃다, 놓치다
9. club / 클럽, 곤봉
10. farm / 농장
11. gate / 문
12. fill / 채우다
13. grow / 키우다, 재배하다
14. heart / 심장, 가슴
15. food / 식품, 식량
16. hold / 잡다, 갖고 있다
17. corner / 길모퉁이, 구석
18. deep / 깊은
19. cross / 가로지르다
20. different / 다른, 각각의
21. action / 행동, 활동
22. base / 베이스, 기초
23. all / 모든
24. behind / …뒤에
25. as / …로서
26. birth / 출생, 탄생
27. drive / 몰다, 운전하다
28. engine / 엔진, 기관
29. hotel / 호텔
30. exercise / 운동(하다)

Dictation 6
Unit 16~Unit 18

1. sunny / 밝게 비치는
2. meal / 식사
3. stamp / 우표, 스탬프
4. moon / 달
5. road / 길, 도로
6. safe / 안전한
7. nurse / 간호사
8. parents / 부모, 어버이
9. store / 가게, 상점
10. twice / 2회, 두 번
11. piano / 피아노
12. score / 성적, 득점
13. prince / 왕자
14. question / 질문, 물음
15. record / 기록, 레코드
16. take / 잡다, 가지고 가다
17. shoot / 쏘다, 발사하다
18. please / 제발, 부디
19. test / 시험, 테스트
20. visit / 방문하다
21. west / 서쪽
22. ticket / 표, 입장권
23. win / 이기다
24. yesterday / 어제
25. silver / 은(으로 만든)
26. tomorrow / 내일
27. snake / 뱀
28. work / 일(하다)
29. south / 남쪽(으로)
30. news / 뉴스, 기사

Dictation 7
Unit 19~Unit 21

1. cover / 덮다, 씌우다
2. butter / 버터
3. carry / 나르다, 운반하다
4. few / 조금의, 다소의
5. cheese / 치즈
6. away / 떨어져서
7. beat / 때리다, 부딪히다
8. classmate / 급우
9. air / 공기, 공중
10. beside / …의 옆에
11. among / …의 사이에
12. hope / 바라다
13. blow / (바람이) 불다
14. dream / 꿈
15. each / 각각의
16. cool / 시원한
17. dialogue / 대화
18. fix / 고치다, 붙이다
19. daughter / 딸
20. fox / 여우
21. grandmother / 할머니
22. lead / 안내하다, 인도하다
23. knock / 노크, 두드림
24. lip / 입술
25. hall / 홀, 현관
26. exam / 시험
27. fall / 가을
28. coin / 동전
29. hike / 하이킹하다
30. if / 만약 …라면

Dictation 8
Unit 22~Unit 24

1. some / 약간의, 얼만가의
2. north / 북쪽(의)
3. outside / 밖에
4. warm / 따뜻한
5. spring / 봄
6. pepper / 후추
7. today / 오늘
8. until / …할 때까지
9. which / 어느, 어떤
10. read / 읽다
11. post / 부치다, 우편
12. truck / 트럭
13. restaurant / 레스토랑, 음식점
14. program / 프로그램
15. roof / 지붕
16. write / 쓰다
17. show / 보여주다
18. pipe / 파이프, 관
19. mad / 화난, 미친
20. shall / …을 할까요
21. near / …의 가까이에
22. sand / 모래
23. middle / 중앙, 한가운데
24. step / 밟다, 걷다
25. winter / 겨울
26. strong / 강한
27. taste / 맛이 나다
28. slide / (미끄럼을) 타다
29. thin / 마른, 얇은
30. sure / 확실한

정답 Dictation

Dictation 9

Unit 25~Unit 27

1. copy / (같은 책의) 권, 복사
2. bright / 빛나는, 맑은
3. flag / 기, 깃발
4. candle / (양)초
5. frog / 개구리
6. cheap / 값이 싼
7. example / 모범, 본보기
8. family / 가족
9. coat / 코트, 외투
10. birthday / 생일
11. crayon / 크레용
12. dead / 죽은
13. age / 나이, 연령
14. Christmas / 크리스마스
15. along / …을 따라
16. list / 목록, 리스트
17. dictionary / 사전
18. earth / 지구
19. field / 들판, 벌판
20. grass / 풀, 잔디
21. handle / 손잡이
22. dress / 드레스, 의복
23. hill / 언덕
24. job / 일, 직업
25. lake / 호수
26. ask / 묻다, 물어보다
27. bath / 목욕
28. hose / 호스
29. below / …의 아래에
30. leave / 떠나다

Dictation 10

Unit 28~Unit 30

1. person / 사람, 인물
2. return / 돌아오다, 돌아가다
3. sandwich / 샌드위치
4. rose / 장미
5. sheep / 양, 면양
6. true / 진실한, 정말의
7. market / 장, 시장
8. shut / 닫다
9. million / 백만
10. need / …할 필요가 있다
11. together / 함께, 같이
12. vegetable / 채소
13. smell / 냄새(맡다)
14. water / 물
15. note / 기록, 노트
16. paint / (페인트를) 칠하다
17. stick / 막대기, 지팡이
18. thing / 것, 물건
19. why / 왜, 어째서
20. subway / 지하철
21. place / 곳, 장소
22. poster / 포스터, 전단
23. sweet / 달콤한
24. team / 팀, 조, 한 패
25. wood / 나무, 목재
26. purple / 자줏빛(의)
27. ready / 준비가 된
28. son / 아들
29. wrong / 잘못된, 나쁜
30. square / 정사각형

Dictation 11

Unit 31~Unit 33

1. last / 지난번의, 최후의
2. airplane / 비행기
3. deer / 사슴
4. between / …의 사이에
5. film / 영화, 필름
6. life / 생명, 생물
7. fool / 바보
8. board / 널, 판자
9. curtain / 커튼
10. doctor / 의사
11. enjoy / 즐기다
12. fact / 사실, 진실
13. any / 얼마간의
14. backward / 거꾸로, 뒤로
15. chess / 체스
16. drop / 떨어뜨리다
17. climb / 오르다
18. beautiful / 아름다운
19. fast / 빨리, 빠른
20. glove / 장갑, 글러브
21. comb / 빗다, 빗
22. guitar / 기타
23. helicopter / 헬리콥터
24. button / 단추, 버튼
25. case / 경우, 사례
26. hole / 구멍
27. count / 세다
28. hungry / 배고픈
29. kid / 아이
30. lot / 많음

Dictation 12

Unit 34~Unit 36

1. station / 정거장
2. medal / 메달, 상패
3. world / 세계
4. zero / 제로, 영도
5. next / 다음의
6. supermarket / 슈퍼마켓
7. only / 단지, 오직
8. wake / 일어나다
9. spell / 철자를 쓰다
10. wet / 젖은
11. pass / 합격하다
12. so / 그래서
13. mouse / 생쥐
14. piece / 조각, 단편
15. stove / 스토브, 난로
16. quick / 빠른
17. rectangle / 직사각형
18. talk / 말하다
19. rocket / 로켓
20. salt / 소금
21. police / 경찰
22. seat / 좌석, 자리
23. than / …보다
24. shop / 가게, 상점
25. print / 인쇄하다
26. size / 크기, 치수
27. tiger / 호랑이
28. top / 꼭대기, 정상
29. ugly / 추한, 보기 싫은
30. window / 창(문)